AF599592

CATARATA

ALEJANDRO CAAMAÑO

Activista y militante de L'Hospitalet de Llobregat. Doctorando en Sociología, máster en Sociología, experto en Estudios Urbanos por la Universidad de Barcelona junto con el Observatorio DESC y la Cooperativa Hydra, licenciado en Ciencias Políticas y Administración por la Universidad de Barcelona, especializado en Políticas Públicas, docente e investigador, capacitado en numerosos cursos de gestión y resolución de conflictos, toma de decisiones, negociación y comunicación. En Los Libros de la Catarata ha publicado también *El manifiesto municipalista* (2021) y *Remunicipalícese* (2022).

Alejandro Caamaño

El derecho a la vivienda

HACIA UN ENFOQUE INCLUSIVO Y SOSTENIBLE EN LA CRISIS HABITACIONAL

COLECCIÓN INVESTIGACIÓN Y DEBATE

FUENCARRAL, 70
28004 MADRID
TEL. 91 532 20 77
WWW.CATARATA.ORG

EL DERECHO A LA VIVIENDA.
HACIA UN ENFOQUE INCLUSIVO Y SOSTENIBLE
EN LA CRISIS HABITACIONAL

ISBN: 978-84-1067-252-9
DEPÓSITO LEGAL: M-2124-2025
THEMA: LNSH9/JPRB/JPWG

ÍNDICE

AGRADECIMIENTOS

Quisiera agradecer a todas las personas y colectivos que han hecho posible la realización de este libro y el haber podido llegar hasta aquí. Especialmente a Giovanni Guida, por su reciente tesis *Sistemas de Gobernanza en el proceso de diseño e implementación de Políticas de Vivienda: un análisis comparado entre Barcelona, España; y Santiago, Chile*, que abre un profundo camino al debate del proceso de diseño e implementación de políticas públicas relativas a la vivienda. Su investigación me ha ayudado a orientar el libro y proseguir con el análisis de la gobernanza local y la importancia de los movimientos sociales. Le auguro un gran futuro como doctor.

A su vez, este libro está dedicado a todas aquellas militantes anónimas que día tras día, con valentía y perseverancia, constituyen el pilar sobre el que se construyen las luchas más significativas y trabajan por un derecho fundamental como la vivienda. En particular, este agradecimiento va dirigido a las compañeras de la Plataforma de Afectados por la Hipoteca (PAH), el Sindicat de Llogateres y las juventudes de la CGT. Su compromiso, su incansable organización y su trabajo colectivo han sido claves para visibilizar la lucha por la vivienda digna como un derecho universal, y son quienes, sin la necesidad de reconocimiento mediático, han puesto de manifiesto que el acceso a una vivienda no es un lujo, sino una necesidad básica; no se conforman con reformas superficiales; y exigen la transformación radical de un sistema que ha mercantilizado y precarizado el derecho a un hogar.

Como señalaba Gramsci, "la tarea de los intelectuales revolucionarios no es solo transformar las ideas, sino también transformar las estructuras de poder que las sustentan. Y es en la lucha diaria de las clases oprimidas, en la acción de los pueblos organizados, donde se teje la verdadera revolución". En este contexto, las militantes de la PAH, el Sindicat de Llogateres y las juventudes de la CGT no son solo sujetos de resistencia, sino actores imprescindibles en la construcción de una sociedad más justa, donde el derecho a la vivienda sea finalmente reconocido y garantizado para todas las personas, sin distinción.

Gracias por su incansable lucha, por transformar la indignación en acción, y por recordar a cada paso que los derechos no se piden, se exigen.

PRÓLOGO

En un contexto global donde el acceso a la vivienda se ha convertido en un tema de creciente preocupación, el presente análisis sobre el derecho a la vivienda en España se erige como una contribución fundamental al debate contemporáneo. La obra de Alejandro Caamaño no solo aborda la crisis habitacional que afecta a numerosas ciudades, sino que también ofrece un análisis profundo de las políticas públicas y su impacto en la vida de las personas. Como experto en estudios urbanos y jurista comprometido con la defensa de la vivienda pública, considero que este texto es un recurso valioso para académicos, legisladores y activistas que buscan entender y transformar la realidad habitacional en nuestro país.

El derecho a la vivienda, reconocido como un derecho humano fundamental, se encuentra consagrado en el artículo 47 de la Constitución española. Sin embargo, la realidad dista mucho de este ideal. A lo largo de las últimas décadas, hemos sido testigos de cómo la vivienda ha sido transformada de un derecho social a un bien de consumo, sometido a las dinámicas del mercado y a la especulación inmobiliaria. Este fenómeno ha generado profundas desigualdades, afectando especialmente a las clases trabajadoras y a los sectores más vulnerables de la sociedad. La financiarización del sector inmobiliario ha convertido la vivienda en un activo especulativo, exacerbando la crisis habitacional y dejando a miles de familias en situaciones de precariedad.

En este contexto, el autor destaca la importancia de adoptar políticas habitacionales inclusivas y sostenibles que prioricen el acceso a la vivienda como un derecho humano. La obra subraya la necesidad de un enfoque integral que contemple no solo la construcción de viviendas, sino también el acceso a servicios básicos, empleo y oportunidades de desarrollo. Este enfoque es esencial para garantizar que la vivienda no sea vista únicamente como un producto financiero, sino como un componente esencial del bienestar social.

Además, el texto pone de relieve el papel crucial que desempeñan los movimientos sociales en la lucha por el derecho a la vivienda. Estos movimientos han sido fundamentales para visibilizar la crisis habitacional y presionar a los Gobiernos para que implementen políticas que prioricen el bienestar social sobre la rentabilidad económica. La movilización ciudadana ha demostrado ser una herramienta poderosa para exigir cambios estructurales en el ámbito de la vivienda, y su participación es vital para construir un futuro más justo y equitativo.

El análisis de Caamaño también se adentra en la historia de las políticas de vivienda en España, ofreciendo un contexto que permite entender las dinámicas actuales. Desde las primeras iniciativas legislativas a finales del siglo XIX hasta la Ley de Vivienda de 2023, el autor examina los avances y retrocesos en la regulación del acceso a la vivienda. A pesar de los esfuerzos realizados, queda claro que aún existen carencias fundamentales que deben ser abordadas para garantizar el derecho a la vivienda de manera efectiva.

En conclusión, este libro es una invitación a reflexionar sobre la situación actual del derecho a la vivienda en España y a considerar nuevas formas de abordar esta problemática. La obra de Alejandro Caamaño es un llamado a la acción, un recordatorio de que el acceso a una vivienda digna es un derecho que debe ser defendido y promovido. Espero que este texto inspire a muchos a unirse a la lucha por una vivienda pública y accesible para todos, porque el derecho a la vivienda no es solo una cuestión de política, sino una cuestión de justicia social.

Hernán Pandolfi
Experto en Estudios Urbanos y prosecretario administrativo de la Secretaría Letrada de Derecho al Hábitat n.° 2 del Ministerio Público de la Defensa de la Ciudad Autónoma de Buenos Aires

"Todos los españoles tienen derecho a disfrutar de una vivienda digna y adecuada. Los poderes públicos promoverán las condiciones necesarias y establecerán las normas pertinentes para hacer efectivo este derecho, regulando la utilización del suelo de acuerdo con el interés general para impedir la especulación".

Artículo 47 de la Constitución española

1. INTRODUCCIÓN

El derecho a la vivienda, reconocido como un derecho humano fundamental, se encuentra explícitamente protegido en el ordenamiento jurídico español a través del artículo 47 de la Constitución española (1978). Este precepto establece la obligación de los poderes públicos de promover las condiciones necesarias para garantizar una vivienda digna y adecuada para todos los ciudadanos. Sin embargo, en la práctica, la efectividad de este derecho ha sido limitada por factores económicos, políticos y sociales, lo que ha derivado en una crisis habitacional agravada en los últimos años, particularmente en ciudades como Barcelona y Madrid (López y Rodríguez, 2011).

En España, la emergencia habitacional se ha intensificado debido a la combinación de varios factores estructurales. Entre ellos destacan el auge de las políticas de liberalización del mercado inmobiliario y la financiarización de la vivienda, que han convertido este bien básico en un activo especulativo (García-Lamarca y Kaika, 2016). Este fenómeno, acentuado tras la crisis económica de 2008, dejó un legado de desahucios masivos que afectaron a cientos de miles de familias, generando un debate en torno a la insuficiencia de las políticas públicas de vivienda (Colau y Alemany, 2013).

Barcelona, como epicentro de esta emergencia, enfrenta desafíos específicos debido a su condición de ciudad global y altamente turística. El crecimiento exponencial del turismo ha derivado en un incremento de los alquileres y la proliferación de apartamentos turísticos, lo que ha desplazado a residentes de larga duración de sus barrios (Blanco *et al.*, 2021). Según datos del Ayuntamiento de Barcelona (2020), los precios del alquiler han aumentado un 50% en la última década, situándose entre los más altos de España.

En respuesta a esta crisis, han surgido movimientos sociales como la Plataforma de Afectados por la Hipoteca (PAH), que han desempeñado un papel crucial en la visibilización del problema y en la promoción de medidas legislativas, como la Ley 24/2015 en Cataluña, destinada a prevenir desahucios y garantizar la función social de la vivienda (Vives-Miró, 2020). Sin embargo, estas iniciativas se han enfrentado a limitaciones en su implementación, en gran parte debido a la falta de coordinación entre administraciones y las restricciones presupuestarias.

Desde una perspectiva comparada, autores como Rolnik (2014) sostienen que la crisis habitacional en España refleja una tendencia global de privatización y mercantilización de la vivienda. En el caso de Barcelona, esto se evidencia en la falta de un parque de vivienda pública suficiente, que representa solamente el 1,5 % del total de viviendas, muy por debajo de la media europea (Housing Europe, 2019).

La emergencia habitacional en España pone de manifiesto la necesidad de un cambio estructural en las políticas de vivienda. Esto implica no solo incrementar la oferta de vivienda pública y regular los precios del alquiler, sino también adoptar una perspectiva basada en los derechos humanos, que priorice la vivienda como un bien común frente a los intereses del mercado (López y Rodríguez, 2011). Como concluyen Blanco *et al.* (2021), garantizar el derecho a la vivienda requiere una combinación de voluntad política, movilización social y una redefinición del modelo de desarrollo urbano para hacerlo más inclusivo y equitativo.

Ante esta realidad, se plantea que el sector público debería utilizar las políticas de vivienda para mitigar los desequilibrios del mercado, aunque no pueda resolver completamente las problemáticas sociales que de ellos se derivan. La evolución de estas políticas ha consolidado un sistema inmobiliario insostenible y excluyente, que genera nuevos perjuicios para los usuarios (Capel, 2003; Febrero-Paños y Dejuán-Asenjo, 2009). Frente a las limitaciones de los programas de vivienda social, múltiples actores de la sociedad civil han comenzado a organizarse para proponer alternativas a las aproximaciones tradicionales. Estas iniciativas se materializan en sistemas de gobernanza más participativos y multinivel (Eizaguirre-Anglada, 2012; Pradel-Miquel, 2011), promoviendo políticas más adecuadas al contexto, con una planificación que integra perspectivas de medio y largo plazo. A pesar de que el sistema actual persiste en una aproximación insatisfactoria al problema habitacional, los nuevos sistemas de gobernanza están introduciendo procesos que generan cambios dentro de una trayectoria neoliberal en continuidad (Le Galès, 2002; Swyngedouw, 2005b).

El análisis de esta problemática se aborda desde una perspectiva integral o relacional, sobre la transformación de la vivienda de un derecho social fundamental a un bien de consumo que ha generado profundas desigualdades y ha exacerbado la crisis habitacional en el país. Se exploran las dinámicas de liberalización del mercado, la especulación inmobiliaria y la financiarización, así como sus efectos en el acceso a la vivienda, especialmente para las clases trabajadoras y los sectores más vulnerables de la sociedad. Además, se destaca la necesidad de adoptar políticas más inclusivas y sostenibles que prioricen el acceso a la vivienda como un derecho humano, en lugar de un privilegio, enfatizando en la importancia de medidas *bottom-up* a escala municipal para garantizar que la vivienda no sea solo un activo financiero, sino un componente esencial del bienestar social y la cohesión comunitaria, abordando la interrelación entre las políticas de vivienda, las dinámicas del mercado y el derecho a la vivienda, y subrayando la urgencia de un cambio en la perspectiva y en las políticas habitacionales en el Estado español.

2. METODOLOGÍA

Este trabajo parte desde una perspectiva de la economía política disruptiva, que ofrece herramientas conceptuales que permiten sistematizar las categorías básicas, los conceptos originarios actualizados al tiempo presente, así como las metodologías que esta corriente aplica en aras de una crítica cuyo compromiso ineludible consiste en abordar el amplio campo de la producción que determina las actuales formas de vida colectiva desde una visión materialista. Para ello, utilizaremos el metaanálisis como método sistemático para sintetizar resultados de diferentes estudios empíricos sobre el efecto de una variable independiente, sea de intervención o tratamiento, en un resultado final más preciso que la repetición o refutación de cada uno de los casos en cuestión, en lo que se podría considerar la revisión y selección de referencias bibliográficas relativas al estudio de los distintos enfoques teóricos referentes a la mercantilización, gestión y derecho a la vivienda, que nos permitan rehuir de una contraposición antagónica de sistemas y ofrecer una investigación con mayor rigurosidad metodológica respecto del análisis de datos y su sistematización. También para velar por una selección pertinente de documentos que nos permita permeabilizar la elaboración del estudio de una manera fundamentada, que eluda sesgos en la identificación y empleo de información (Sánchez y Botella, 2010), a través de 1) primeras fuentes, como los análisis desarrollados por el Comité de Derechos Económicos, Sociales y Culturales de Naciones Unidas; 2) artículos académicos indexados de primer a segundo cuartil hasta fecha de 2022; y 3) obras académicas tanto clásicas como contemporáneas que permiten dar consistencia al hilo argumentativo del libro.

3. EL RECONOCIMIENTO DEL DERECHO A LA VIVIENDA COMO DERECHO UNIVERSAL

El derecho a una vivienda digna y adecuada es uno de los pilares fundamentales de la justicia social y la dignidad humana. Su reconocimiento como derecho fundamental ha sido un proceso gradual, influido por los contextos históricos, políticos y sociales de diferentes regiones (Hohmann, 2013). Este recorrido ha conllevado la evolución de marcos jurídicos globales y regionales, así como la incorporación de este derecho en legislaciones nacionales, donde destaca el caso del Estado español (Kenna, 2008). A continuación, se analiza el desarrollo de este derecho en tres niveles: global, europeo y español.

El reconocimiento formal de la vivienda como un derecho humano comenzó a consolidarse tras la Segunda Guerra Mundial, con la creación de la Organización de las Naciones Unidas (ONU) y la adopción de instrumentos internacionales de derechos humanos. Uno de los documentos más importantes es la Declaración Universal de los Derechos Humanos (1948), cuyo artículo 25 establece que "toda persona tiene derecho a un nivel de vida adecuado que le asegure, así como a su familia, la salud y el bienestar, y en especial la alimentación, el vestido, la vivienda, la asistencia médica y los servicios sociales necesarios" (Asamblea General de las Naciones Unidas, 1948).

Este principio fue posteriormente reforzado en el Pacto Internacional de Derechos Económicos, Sociales y Culturales (PIDESC) de 1966, particularmente en su artículo 11, donde se reconoce el derecho de toda persona a un nivel de vida adecuado, incluido el derecho a la vivienda (Leckie, 1989). A través del PIDESC, se establece no solo el reconocimiento formal del derecho, sino también la obligación de los Estados de garantizar su cumplimiento progresivo, promoviendo medidas adecuadas y asignando recursos para hacer efectivo este derecho (CESCR, 1991).

En 1976, la ONU organizó la primera Conferencia sobre Asentamientos Humanos (Hábitat I), que destacó la importancia de garantizar viviendas dignas en el marco del desarrollo sostenible. Estas preocupaciones fueron ampliadas en las conferencias posteriores —Hábitat II en 1996 y Hábitat III en 2016—, donde se subrayó la necesidad de abordar la vivienda como un factor integral en la lucha contra la pobreza y la exclusión social (Rolnik, 2014).

En Europa, el reconocimiento del derecho a la vivienda está profundamente vinculado a los esfuerzos por construir un marco de derechos sociales dentro de los Estados miembros de la Unión Europea y el Consejo de Europa. El Convenio Europeo de Derechos Humanos (CEDH), aunque no menciona explícitamente la vivienda, ha permitido interpretaciones jurisprudenciales sobre la protección del hogar frente a desalojos arbitrarios bajo el artículo 8, que protege la vida privada y familiar (Kenna, 2010).

El verdadero impulso hacia el reconocimiento formal llegó con la Carta Social Europea (1961 y revisada en 1996), adoptada por el Consejo de Europa. En su artículo 31, la Carta establece el derecho a la vivienda, desglosado en tres objetivos principales: acceso a una vivienda adecuada; prevención y reducción de la situación de personas sin hogar; y la protección de los precios del alquiler frente a abusos del mercado (Fitzpatrick y Watts, 2020). Este marco jurídico obliga a los Estados miembros a comprometerse con políticas específicas para hacer efectivo este derecho.

Dentro de la Unión Europea, aunque no existe un tratado específico que garantice el derecho a la vivienda, la Carta de los Derechos Fundamentales de la Unión Europea (2000), en su artículo 34, reconoce el derecho a la asistencia social y la protección de la vivienda como parte de la lucha contra la exclusión social (Kenna, 2005). Además, iniciativas como la Estrategia 2020 han puesto énfasis en reducir la pobreza y la exclusión, vinculando estos objetivos con el acceso a viviendas asequibles y de calidad (Baptista, 2010).

El reconocimiento de la vivienda como derecho fundamental en el Estado español está consagrado en el artículo 47 de la Constitución española de 1978, que establece que "todos los españoles tienen derecho a disfrutar de una vivienda digna y adecuada". Además, la Constitución obliga a los poderes públicos a promover las condiciones necesarias y a establecer normas que garanticen este derecho, regulando el uso del suelo para evitar la especulación (Muñoz Machado, 1996).

Aunque este reconocimiento es significativo, el derecho a la vivienda en el Estado español no tiene el mismo nivel de justiciabilidad que otros derechos fundamentales como la vida o la libertad. Más bien, se considera un principio rector de la política social y económica, lo que limita su exigibilidad directa ante los tribunales (Pareja-Eastaway, 2016). Sin embargo, sentencias del Tribunal Constitucional han reforzado la obligación de los poderes públicos de implementar políticas activas en materia de vivienda (Rodríguez y López, 2020).

Desde la Constitución, España ha desarrollado un marco legislativo que aborda la vivienda a través de planes estatales y autonómicos. Por ejemplo, la Ley de Arrendamientos Urbanos y los Planes Estatales de Vivienda han buscado garantizar el acceso a viviendas asequibles mediante políticas de alquiler social, promoción de viviendas protegidas y ayudas directas al alquiler. Sin embargo, "las medidas a menudo han sido criticadas por su falta de continuidad y efectividad, particularmente frente a [las] crisis económicas y burbujas inmobiliarias" (García-Herrera, 2015).

En años recientes, el debate sobre el derecho a la vivienda ha cobrado fuerza, especialmente en el contexto de la crisis hipotecaria de 2008 y el auge de los desahucios. Movimientos sociales como la Plataforma de Afectados por la Hipoteca (PAH) han impulsado reformas legales y la implementación de mecanismos para proteger a los sectores más vulnerables, incluyendo la Ley de Vivienda de 2023, que refuerza los derechos de los inquilinos y limita los aumentos desproporcionados de los alquileres (Colau y Alemany, 2013).

4. LA CONFIGURACIÓN DE LA VIVIENDA COMO UN COMPONENTE ESENCIAL EN LA ORGANIZACIÓN ESPACIAL Y LA REALIDAD URBANA

La vivienda, históricamente concebida como refugio que satisface necesidades básicas, ha evolucionado hacia un elemento central en la configuración de las estructuras urbanas y la sociedad urbana. Este cambio refleja las dinámicas del capitalismo contemporáneo, la urbanización planetaria y la transformación de las relaciones sociales y espaciales en las ciudades, desde una perspectiva basada en el materialismo histórico (Marx, 2017a; Marx y Engels, 2011). La vivienda emerge como un componente esencial en la organización espacial de las estructuras urbanas.

Para Marx y Engels, la vivienda no era solo un espacio físico, sino un reflejo de las contradicciones inherentes al capitalismo. Engels, en *La cuestión de la vivienda* (1872), argumentaba que los problemas habitacionales no podían resolverse en el marco del capitalismo, ya que la vivienda se convierte en una mercancía al servicio de la acumulación de capital y no en un bien social. Engels denunciaba cómo las clases trabajadoras eran relegadas a viviendas precarias en las periferias urbanas, evidenciando las desigualdades espaciales inherentes al sistema.

Marx complementa esta perspectiva al conceptualizar la vivienda como una expresión del fetichismo de la mercancía. En un sistema donde todo se mercantiliza, la vivienda deja de ser un derecho para transformarse en un medio de especulación y acumulación. Este enfoque sigue siendo relevante, especialmente frente a la financiarización de la vivienda en el siglo XXI, donde los grandes capitales globales controlan gran parte del parque inmobiliario urbano (Harvey, 1989).

David Harvey profundiza en la interrelación entre vivienda, urbanización y capitalismo. Según Harvey (2013), el proceso de urbanización está intrínsecamente ligado a las dinámicas de acumulación capitalista, donde el suelo y las viviendas son utilizados como mecanismos de inversión y extracción de valor. Este fenómeno, conocido como acumulación por desposesión, implica la expulsión de los grupos más vulnerables hacia las periferias urbanas, transformando la vivienda en una herramienta de exclusión social y desigualdad.

Asimismo, Saskia Sassen analiza el impacto de la globalización en el mercado inmobiliario. En su obra *La ciudad global* (1991), Sassen señala cómo las ciudades contemporáneas se convierten en nodos estratégicos para la acumulación de capital global, lo que afecta directamente el acceso a la vivienda. El surgimiento de los *desiertos urbanos*, áreas dedicadas exclusivamente a los intereses de élites transnacionales, refuerza la segregación socioespacial (Sassen, 1991).

Neil Brenner amplía esta perspectiva al introducir el concepto de *urbanización planetaria*, que resalta cómo las dinámicas urbanas trascienden los límites de las ciudades para abarcar territorios rurales, infraestructuras globales y redes económicas. En este contexto, la vivienda desempeña un papel clave como núcleo de la reorganización espacial, al ser simultáneamente un lugar de vida y un activo globalizado, trascendiendo su función primaria de refugio para convertirse en un espacio privado donde se desarrollan actividades clave para la estructura familiar y social (Brenner, 2013).

La producción de vivienda en el capitalismo avanzado está dominada por actores transnacionales que buscan maximizar las ganancias a través de procesos como la financiarización y la especulación inmobiliaria. Esto resulta en una desconexión entre la vivienda como necesidad social y su función económica, exacerbando las desigualdades espaciales en escala global (Brenner, 2017). La globalización ha convertido a toda la sociedad en "urbana" al reproducir comportamientos, actitudes y valores homogéneos desde una noción integradora, como un todo, siguiendo la perspectiva marxista de Henri Lefebvre (1970, 1978). Aun así, este sistema está influido por las dinámicas del mercado y las características contextuales de cada territorio, que imprimen sus propias peculiaridades (Short, 1996). El proceso de urbanización global ha transformado la ciudad en un nodo central de comercio, comunicación y toma de decisiones políticas, consolidando una red globalizada que integra pueblos y ciudades en una "malla interconectada" instrumental para el crecimiento capitalista (Brenner, 2014).

Desde una perspectiva histórica y geográfica, Horacio Capel examina cómo la vivienda ha configurado la estructura de las ciudades y, al mismo tiempo, ha sido moldeada por ellas. Capel (2002) argumenta que la distribución de la vivienda en las ciudades refleja las relaciones de poder y las desigualdades sociales. En su análisis, destaca cómo las políticas urbanas y los modelos de planificación han favorecido a las élites económicas, consolidando la segregación social y espacial.

Autores como Edward Soja también han contribuido a esta discusión. Soja (2010) introduce la idea de la "justicia espacial", afirmando que la organización espacial de las ciudades, incluida la vivienda, reproduce las jerarquías sociales y económicas del sistema capitalista. Según Soja, transformar las ciudades requiere una intervención consciente en los patrones espaciales que perpetúan la desigualdad.

El cambio de la vivienda de refugio básico a componente central de la configuración urbana es un reflejo de las dinámicas económicas, sociales y políticas que moldean las ciudades modernas, lo que demuestra que la vivienda no es un elemento pasivo en el paisaje urbano, sino un componente activo en la construcción de la sociedad urbana y la perpetuación de las desigualdades estructurales.

En este contexto, abordar los problemas habitacionales requiere no solo de reformas políticas y urbanísticas, sino de una crítica profunda al modelo económico dominante que mercantiliza la vivienda. Como señala Harvey (2008), "el derecho a la ciudad es mucho más que un derecho individual de acceso a los recursos urbanos: es un derecho colectivo a transformar la ciudad y, a través de esta transformación, rehacernos a nosotros mismos".

Finalmente, el análisis de la realidad urbana desde una perspectiva sostenible requiere atender a las contradicciones sistémicas que emergen en el proceso (Harvey, 1996). Por ejemplo, aunque muchos problemas urbanos derivan de procesos sociales, no pueden abordarse fuera de su contexto espaciotemporal. Los problemas urbanos no pueden resolverse exclusivamente a través del mercado libre. La solidaridad comunitaria es esencial para enfrentar los desafíos residenciales, y la heterogeneidad social debe fomentarse siempre. Asimismo, es imprescindible evitar enfoques autoritarios y centralizados, y abordar la relación entre urbanismo y ecología para superar las tendencias antiecológicas inherentes a las ciudades.

5. UNA CONTRIBUCIÓN A LA CRÍTICA A LA BUENA GOBERNANZA

La gobernanza se define como un proceso que promueve la inclusión en la política. En las últimas dos décadas, han surgido acuerdos institucionales innovadores a diferentes escalas, que desafían el modelo tradicional centralizado, fomentando formas de gobernanza más allá del Estado. Estos movimientos progresistas buscan reconocer a colectivos vulnerables y clases estigmatizadas, exigiendo derechos y una mayor implicación ciudadana en la toma de decisiones (Della Porta, 2018). Según Guida (2024), estas transiciones impulsan agendas nuevas a través del conflicto, lo que demanda democracia directa, mecanismos redistributivos y lenguajes políticos alternativos. Los sistemas de gobernanza surgen como una respuesta institucional frente a una creciente demanda de democracia y como contrapeso al autoritarismo (Castells, 1983).

Sin embargo, la tesis de Giovanni Guida, *Sistemas de Gobernanza en el proceso de diseño e implementación de Políticas de Vivienda*, referente en esta apreciación, nos ofrece análisis más críticos y basados en evidencias que muestran cómo las políticas diseñadas para fomentar la gobernanza no han producido sociedades más cohesionadas y democráticas (Brenner, 2004; Buck y Gordon, 2005; Geddes, 2006; Jessop, 2002; Kearns y Forrest, 2000; Murillo, 2014; Swyngedouw, 2005a). Aunque las redes de gobernanza descentralizan el poder y fomentan la participación, también han facilitado formas de control y toma de decisiones antidemocráticas (Jessop, 2002). Según Guida (2024), aunque estas redes garantizan cierto nivel democrático al descentralizar la política, a menudo reproducen dinámicas opacas que concentran el poder en pocos actores privilegiados (Blanco, 2015; Vergara-Cabrera, 2018). Esto cuestiona si la gobernanza realmente corrige los defectos del estatismo burocrático y del liberalismo de mercado.

La transición hacia la gobernanza tiene, por tanto, un carácter dual (Swyngedouw, 2005a): por un lado, fomenta la participación ciudadana y profundiza la democracia; pero, por otro, redefine el papel de la ciudadanía en la política, transformando su naturaleza democrática (Bauböck, 2003; Hays, 2007). En este contexto, el elemento de la participación se convierte en un factor clave. Aunque la apertura a la participación multinivel de actores no gubernamentales puede mejorar el sistema democrático, también incrementa la influencia del sector privado en un sistema globalizado (Brenner y Theodore, 2002). Según Guida (2024), la ausencia de un marco normativo que regule estas nuevas formas de participación genera relaciones de poder contextuales *ad hoc*, dentro de un vacío institucional (Hajer y Wagenaar, 2003).

Además, las redes horizontales suelen operar de manera opaca, resultado de coaliciones entre élites económicas, socioculturales y políticas. Si bien estas redes participativas pueden ser transformadoras y empoderadoras, también descentralizan el monopolio del conocimiento experto (Sørensen y Torfing, 2016). En contra del ideal habermasiano, el aumento de la participación no necesariamente elimina la exclusión social inherente a la búsqueda de consensos (Habermas, 1987a, 1987b; Mouffe, 2000).

Los sistemas de gobernanza tienden a consolidar nuevos grupos de poder donde ciertos actores, debido a sus recursos o funciones, pueden arbitrar y dirigir al resto (Beaumont y Nicholls, 2008; Jessop, 2004; Le Galès, 2002). En este sentido, las redes de gobernanza pueden perpetuar o incluso agravar las desigualdades sociales, lo que dificulta la inclusión de las comunidades más vulnerables (Swyngedouw, 2005b). Aunque estos sistemas promuevan empoderamiento social y político, ciertos sectores quedan marginados de los procesos participativos (Eizaguirre-Anglada, 2012). Según Guida (2024), esta exclusión se refleja también en prácticas como la economía social o la gestión ciudadana de infraestructuras, donde los sectores con mayor capital social y cultural tienden a liderar los espacios participativos, dejando fuera a los más desfavorecidos (Blanco *et al.*, 2016; Silver *et al.*, 2010).

Por tanto, las prácticas alternativas no siempre son inclusivas o redistributivas (Wright y Hahnel, 2014). Incluso cuando democratizan las políticas públicas, estas prácticas suelen reproducir procesos de exclusión existentes, limitando su capacidad para garantizar universalidad (Andreotti y Mingione, 2016; Gerometta *et al.*, 2005; Harvey, 2012). Según Guida (2024), los sistemas participativos abiertos pueden conducir a un gobierno más tecnocrático y aislado, lejos de los ideales democráticos.

En comparación con los modelos tradicionales, la estructura de representación en los sistemas de gobernanza es más difusa (Davies, 2011). La falta de un sistema organizado de representación y la opacidad de las redes dificultan la evaluación de los resultados y la rendición de cuentas (Swyngedouw, 2005a). Esto no implica la desaparición del Estado; más bien, refleja un poder político descentralizado, híbrido y opaco, donde los niveles de gobernanza local interactúan con asociaciones y movimientos sociales sin una independencia real del Estado (Guida, 2024).

En este contexto, el Estado sigue siendo un actor clave, especialmente dentro del capitalismo financiero, donde el poder económico se traduce en control político (Kornbluth, 2020). Según Guida (2024), este modelo híbrido público-privado es evidente en procesos como la financiarización de la vivienda y el suelo urbano, en los que el Estado juega un papel activo, dificultando la distinción entre lo público y lo privado (Lazzarato, 2015). Por tanto, la gobernanza participativa se convierte en un modelo híbrido, que combina las ideas de Rousseau sobre el contrato social con las tensiones del Leviatán hobbesiano, generando complejidades y conflictos (Swyngedouw, 2005b).

La escala urbana, como señala Guida (2024), es clave en la innovación política, pues en ella emergen movimientos sociales y transformaciones institucionales significativas (Brenner y Theodore, 2002; Le Galès, 2002). Las ciudades se convierten en laboratorios para nuevas tecnologías de gobierno, que reconfiguran las políticas públicas, abriendo el camino al análisis de los actores no gubernamentales como piezas fundamentales en los sistemas de gobernanza.

6. LAS LUCHAS COLECTIVAS POR LA VIVIENDA EN EL ESTADO ESPAÑOL

El movimiento social urbano en España tiene sus raíces en la dictadura y se desarrolla durante la transición democrática, comenzando como movimientos vecinales enfocados en mejorar servicios públicos y la calidad de vida de las clases trabajadoras (Hipsher, 1996). Durante los años sesenta y setenta, las huelgas laborales y protestas estudiantiles adquirieron un papel crucial en la lucha contra el régimen, con un fuerte apoyo de la Iglesia tras el Concilio Vaticano II (1962-65), que cuestionó su alianza con la dictadura. En este contexto, las comisiones de barrio, impulsadas por el Partido Comunista de España (PCE), se convirtieron en un espacio clave de organización clandestina contra el autoritarismo (Domingo i Clota y Bonet i Casas, 1998).

En Barcelona, las profundas desigualdades urbanas derivadas del franquismo llevaron al surgimiento de la Federación de Asociaciones de Vecinos de Barcelona (FAVB) en 1972. Esta organización agrupó reivindicaciones locales bajo una ideología progresista y fue crucial para la consolidación de la identidad democrática de la ciudad (Andreu-Acebal, 2014). Sin embargo, tras la transición y los

Pactos de la Moncloa en 1977, que priorizaron la estabilidad política sobre la confrontación, el movimiento social se institucionalizó, alejándose de la confrontación directa y adoptando un enfoque negociador (Domingo i Clota y Bonet i Casas, 1998).

Durante el periodo neoliberal (1979-2008), la gobernanza local se reestructuró para integrar políticas de desarrollo enfocadas en la atracción de inversiones y la colaboración público-privada. Esto resultó en la descentralización política, aunque limitada por presupuestos reducidos que impulsaron estrategias especulativas en el mercado inmobiliario (Wollmann, 2009). La burbuja inmobiliaria de 2006 fue denunciada por movimientos sociales que anticiparon la crisis económica global, lo que evidenció el deterioro democrático y la precariedad habitacional (Martí-Costa *et al.*, 2011a).

Tras el estallido de la burbuja en 2008, surgieron movimientos como el 15M y la Plataforma de Afectados por la Hipoteca (PAH), que exigieron nuevas políticas públicas para garantizar el derecho a la vivienda. Frente a las reformas que facilitaron la especulación, como la creación de las SOCIMI (Sociedades Anónimas Cotizadas de Inversión Inmobiliaria), también emergieron sindicatos de inquilinos en ciudades como Madrid y Barcelona (Martínez y Gil, 2022). Estos movimientos criticaron el modelo neoliberal de vivienda como bien de inversión, abogando por su regulación para afrontar desigualdades socioespaciales y garantizar una vivienda digna (Pareja-Eastaway y Sánchez-Martínez, 2015).

En respuesta a la precarización del alquiler, surgieron los Sindicatos de Inquilinos e Inquilinas en 2017, destacando en Madrid y Barcelona. Estos sindicatos demandan la regulación de los precios del alquiler y políticas que prioricen el acceso a la vivienda como un derecho, no como un bien especulativo (Pareja-Eastaway y Sánchez-Martínez, 2017). Estas organizaciones colaboran con la PAH para visibilizar la problemática y exigir un cambio estructural en las políticas públicas (Flesher, 2020).

La evolución histórica de estos movimientos muestra cómo el contexto define las respuestas sociales, desde la lucha contra los desahucios hasta la oposición a fondos especulativos. Estas iniciativas son clave para diagnosticar las necesidades reales y diseñar políticas públicas que aborden las desigualdades del sistema habitacional. Como señala Martínez-Moreno (2018), la interacción entre activismo local y políticas públicas es fundamental para afrontar los retos del acceso a la vivienda.

7. EVOLUCIÓN HISTÓRICA DE LAS POLÍTICAS DE VIVIENDA EN ESPAÑA Y CATALUÑA

La vivienda es "uno de los ejes centrales para garantizar el derecho a la ciudad y una vida digna", como señala Harvey (2012). Su relevancia en la configuración de las ciudades y en la calidad de vida de las personas la convierte en un factor clave en las políticas públicas. En España, este tema ha pasado por "un largo proceso de evolución en el que confluyen transformaciones políticas, económicas y sociales", según Leal (2005), marcado por las tensiones entre las dinámicas del mercado y las intervenciones del Estado.

La transición desde un enfoque centrado en la promoción de la propiedad hacia una visión más social, aunque parcial, constituye "un cambio paradigmático que revela la creciente importancia del alquiler asequible y la protección social", como indican Hoekstra y Vakili-Zad (2011). Este cambio no ha sido uniforme ni exento de limitaciones, lo que refleja una fragmentación en las estrategias adoptadas a nivel nacional y regional.

Cataluña, como una de las regiones más urbanizadas e industrializadas de España, ha tenido "una trayectoria singular en el ámbito de la vivienda", según Pareja-Eastaway y Sánchez-Martínez (2017). Las políticas de vivienda catalanas han destacado por "su énfasis en la rehabilitación urbana como herramienta de regeneración social y económica" (Riera y Carreras, 2009), además de promover formas alternativas de acceso a la vivienda, como las cooperativas habitacionales, que "reflejan una tradición local de organización comunitaria" (Aramburu, 2015).

Este análisis recorre desde "los primeros esfuerzos legislativos de mediados del siglo XIX, vinculados a las condiciones de salubridad en las ciudades", hasta las recientes respuestas a la crisis de 2008, que, según Muñoz (2016), "han evidenciado las profundas desigualdades en el acceso a la vivienda y la necesidad de políticas más inclusivas". Las políticas de vivienda en España han tenido un impacto significativo en "la estructura urbana, el acceso a la vivienda y las dinámicas de segregación social" (García y Jordá, 2020), conformando paisajes urbanos donde las desigualdades persisten pese a los esfuerzos normativos.

POLÍTICAS DE VIVIENDA EN EL ESTADO ESPAÑOL

PRIMERAS LEYES REGULADORAS DE VIVIENDA EN EL ESTADO ESPAÑOL

A finales del siglo XIX, la vivienda comenzó a considerarse un problema social debido al rápido crecimiento de las ciudades como resultado de la industrialización. Como señala Leal (2005), "el proceso de urbanización acelerada generó una demanda de vivienda que superó con creces la capacidad de respuesta de las estructuras tradicionales". Las clases trabajadoras vivían en condiciones de hacinamiento, expuestas a "un entorno insalubre que era caldo de cultivo para enfermedades como el cólera y la tuberculosis" (Sánchez-Alonso, 1995), con alta mortalidad relacionada con la falta de higiene y servicios básicos.

En este contexto surgieron las primeras iniciativas legislativas. La Real Orden de 1853 marcó el punto de partida, siendo uno de los primeros intentos de regular el desarrollo urbano, aunque de manera limitada y centrada en aspectos técnicos y de salubridad. A comienzos del siglo XX, la situación no había mejorado significativamente, lo que llevó a la promulgación de la Ley de Casas Baratas de 1911, considerada por Pareja-Eastaway y Sánchez-Martínez (2017) como "un intento pionero de promover el acceso a la vivienda asequible para las clases trabajadoras, aunque bajo una perspectiva asistencialista y dependiente de la filantropía privada".

Estas leyes se enfocaron principalmente en otorgar beneficios a iniciativas privadas o filantrópicas, como la Constructora Benéfica, fundada en 1875, que promovía la construcción de viviendas para trabajadores en condiciones más dignas. Sin embargo, los esfuerzos estatales eran escasos y fragmentados. "El Estado actuaba más como facilitador que como protagonista en el ámbito de la vivienda, lo que perpetuaba un déficit habitacional creciente" (Hoekstra y Vakili-Zad, 2011).

Durante la Segunda República (1931-1939), hubo intentos más estructurados de abordar el problema de la vivienda. La Ley Salmón, promulgada en 1935, buscaba fomentar la construcción de viviendas sociales mediante la inversión estatal directa y la creación de créditos accesibles. Según Muñoz (2016), esta ley representó "un giro hacia una política de vivienda más intervencionista, con el objetivo de aliviar las tensiones sociales en un contexto de crisis económica". Sin embargo, el estallido de la guerra civil en 1936 truncó estos esfuerzos y dejó pendiente "una reforma integral que nunca llegó a consolidarse" (García y Jordá, 2020).

Este periodo marca el inicio de un largo recorrido en las políticas de vivienda en España, donde la intervención pública comenzaba a perfilarse, aunque con limitaciones estructurales y coyunturales.

CENTRALIZACIÓN Y PROMOCIÓN DE LA PROPIEDAD DURANTE EL FRANQUISMO (1939-1976)

Con la llegada de la dictadura franquista, la política de vivienda se centralizó bajo el Instituto Nacional de la Vivienda (INV), creado en 1939. Este organismo se convirtió en el eje de una estrategia estatal que vinculaba la vivienda con el control social. Según González y Sevilla (2014), "el franquismo utilizó la vivienda como herramienta para consolidar su régimen, promoviendo un modelo de estabilidad basado en la propiedad privada". La promulgación de la Ley de Viviendas de Renta Limitada en 1954 marcó un punto de inflexión al unificar los regímenes de vivienda protegida y bonificable, lo que facilitaba el acceso a la propiedad para sectores específicos de la población.

Estas políticas se orientaron hacia la promoción de la propiedad privada como una forma de estabilización social y política. Como indica Espinosa (2008), "el régimen franquista buscaba desactivar posibles focos de conflicto social mediante la creación de una sociedad propietaria, vinculada emocional y económicamente al sistema". No obstante, este enfoque tuvo consecuencias negativas, especialmente en términos de segregación urbana, al no contemplar medidas que garantizaran una planificación equitativa del desarrollo urbano.

El franquismo apostó por la construcción masiva de polígonos residenciales destinados principalmente a las clases trabajadoras. Aunque estas iniciativas contribuyeron a reducir el déficit habitacional, a menudo se llevaron a cabo en las periferias urbanas. Según Rueda y Roca (2003), estas áreas se caracterizaban por "la falta de servicios básicos y la desconexión con los centros de actividad económica", lo que reforzó dinámicas de exclusión social. Además, López (1999) describe estas periferias como "entornos monofuncionales, carentes de equipamientos adecuados y marcados por una notable precariedad".

El Plan Nacional de Vivienda (1956-1960) promovió la construcción masiva de viviendas protegidas mediante incentivos a promotores privados. Según Pareja-Eastaway (2009), "el plan tuvo un éxito relativo al reducir el déficit habitacional, aunque sin atender adecuadamente las condiciones de habitabilidad". Esta etapa se enfocó más en la cantidad de viviendas que en su calidad o integración en el tejido urbano.

Por su parte, el Plan Nacional de Vivienda (1961-1976), orientado hacia el desarrollo urbano y la estabilización económica, consolidó el modelo de vivienda protegida como motor económico. Sin embargo, Espinosa (2008) subraya que "las políticas habitacionales del franquismo favorecieron principalmente a las clases medias y altas, perpetuando desigualdades estructurales".

A pesar de los avances en términos cuantitativos, las políticas de vivienda del franquismo reflejaron "un modelo de desarrollo urbano segregador y desequilibrado"

(Leal, 2005). Estas políticas, al priorizar intereses económicos y sociales del régimen, dejaron un legado de desigualdades que aún persisten en la estructura urbana y social de España.

LA TRANSICIÓN Y SU DESCENTRALIZACIÓN (1976-2008)

La Constitución de 1978 marcó un hito en la política habitacional española al reconocer la vivienda como un derecho social, tal como se establece en el artículo 47, que garantiza el acceso a una vivienda digna y adecuada. Este cambio permitió la descentralización de competencias hacia las comunidades autónomas, un proceso que, según Pareja-Eastaway (2009), "otorgó un mayor protagonismo a los gobiernos regionales en la promoción de vivienda y en la gestión del suelo". Este periodo estuvo caracterizado por un enfoque dual que equilibraba la construcción de nuevas viviendas con la rehabilitación del parque existente, consolidando una visión más integral de la política habitacional.

El Plan Trienal (1981-1983) representó el primer intento de introducir medidas específicas para la rehabilitación de viviendas y la regeneración urbana. Según Leal (2005), "la inclusión de la rehabilitación marcó un cambio significativo, ya que reconocía el valor de preservar el patrimonio construido y mejorar las condiciones habitacionales existentes". Aunque fue una innovación relevante, las inversiones en esta área fueron modestas en comparación con los fondos destinados a la construcción de nueva vivienda, lo que limitó su impacto. A pesar de ello, sentó las bases para futuras iniciativas que priorizarían la recuperación del tejido urbano degradado.

Por su parte, el Plan Cuatrienal (1984-1987) profundizó en la necesidad de coordinar las competencias entre las administraciones estatal, autonómica y local. Uno de sus objetivos principales fue impulsar la creación de un parque público de alquiler, una medida orientada a diversificar las opciones habitacionales en un mercado dominado por la propiedad. Como señala López-Gay (2001), "se trató de un intento por diversificar las opciones habitacionales, respondiendo a las crecientes necesidades de sectores vulnerables". Este plan también personalizó las ayudas habitacionales, adaptándolas a las condiciones socioeconómicas de las familias, lo que se percibió como un avance hacia políticas más equitativas y focalizadas.

La Ley del Suelo de 1998 marcó un punto de inflexión en este periodo al liberalizar el mercado del suelo, con el objetivo de incrementar la oferta urbanizable y abaratar los precios. Sin embargo, esta medida tuvo efectos contraproducentes. Según Muñoz (2016), "la liberalización incentivó la construcción masiva y alimentó la especulación inmobiliaria, consolidando un modelo de desarrollo urbano basado en el crecimiento descontrolado". Este marco normativo, aunque buscaba dinamizar el mercado, terminó por reforzar dinámicas especulativas y contribuyó a la formación de la burbuja inmobiliaria que estallaría años después.

A pesar de los avances en la descentralización y en el diseño de políticas más inclusivas, este periodo expuso tensiones entre los objetivos sociales de la vivienda y las dinámicas del mercado. Como concluyen García y Jordá (2020), "la política habitacional española de la transición combinó logros notables con limitaciones estructurales que finalmente estallaron con la crisis de 2008".

LAS POLÍTICAS CONTEMPORÁNEAS MARCADAS POR LA CRISIS

Las políticas contemporáneas de vivienda en España desde 2008 han estado marcadas por la crisis inmobiliaria y sus consecuencias económicas y sociales. El estallido de la burbuja inmobiliaria supuso una paralización del sector, un fuerte aumento del desempleo en la construcción y un millón de viviendas vacías, lo que refleja la sobreoferta y una estructura de mercado basada en la propiedad privada y la especulación. Como señala Pérez y García (2019: 73), "la crisis de 2008 evidenció las profundas debilidades del modelo especulativo, generando un exceso de oferta que no se corresponde con la demanda efectiva". Este modelo evidenció carencias como el limitado mercado de alquiler y la casi inexistencia de un parque público de vivienda asequible. Según Domínguez y Martínez (2017: 58), "la escasa inversión en vivienda pública y el predominio del mercado de la propiedad han sido factores determinantes en la exclusión de sectores vulnerables del acceso a la vivienda".

El contexto posterior se enfocó en mitigar los efectos de la crisis y redefinir el modelo. Las estrategias principales incluyeron la regulación de los desahucios y el impulso al alquiler asequible mediante incentivos públicos. Martínez y Rodríguez (2020: 112) afirman que "las políticas de regulación de los desahucios han sido fundamentales para amortiguar las consecuencias sociales más graves de la crisis, aunque la falta de alternativas habitacionales sigue siendo una barrera significativa". También se buscaron soluciones de rehabilitación y regeneración urbana para adaptar el parque habitacional existente. A pesar de estas iniciativas, la fuerte dependencia de la financiación hipotecaria y la falta de inversión significativa en vivienda pública mantuvieron problemas estructurales. Hernández (2021: 134) señala que "la persistente dependencia de los créditos hipotecarios y la insuficiencia de fondos públicos para la creación de vivienda social han dificultado una recuperación equitativa del sector".

Respecto a los planes nacionales de vivienda, estos han intentado responder al contexto socioeconómico cambiante. Los objetivos han oscilado entre fomentar el acceso a la primera vivienda, facilitar el alquiler asequible y rehabilitar barrios. Gómez y Sánchez (2018: 91) comentan que "los planes de vivienda nacionales han ido adaptándose a los cambios en las dinámicas sociales, aunque los logros en términos de acceso a la vivienda son todavía limitados por la falta de un enfoque integral". Desde 2008, destaca la Ley de Suelo de 2007, que buscó frenar la expansión indiscriminada del suelo urbanizable y enfocarse en el uso racional de recursos. Molina (2016: 45) sostiene que "la Ley de Suelo fue un intento de regular el mercado inmobiliario, pero la presión de los intereses privados ha reducido su efectividad en la práctica". Sin embargo, la implementación ha sido limitada frente a las dinámicas del mercado y la presión sobre las rentas familiares.

Los Planes Estatales de Vivienda, como los desarrollados entre 2013-2016 y 2018-2021, han priorizado el alquiler, las ayudas a jóvenes y colectivos vulnerables, y la rehabilitación para mejorar la eficiencia energética y accesibilidad. Moreno y Pérez (2022: 88) afirman que "la priorización del alquiler en los planes más recientes refleja un cambio hacia un modelo más flexible y sostenible, aunque la falta de una oferta pública suficiente sigue siendo un obstáculo". La creación de la Renta Básica de Emancipación (2007) y la posterior Sociedad Pública de Alquiler (SPA) ejemplifican los esfuerzos por impulsar el alquiler frente a la cultura de la propiedad. Según Serrano (2021: 72), "la Renta Básica de Emancipación fue una medida positiva, pero la escasa cobertura y los bajos niveles de financiación limitaron su impacto real".

En general, el modelo actual combina elementos tradicionales centrados en la propiedad con nuevas iniciativas orientadas al alquiler y la sostenibilidad. Sin embargo, las políticas enfrentan desafíos como la especulación, la falta de un parque público significativo y el aumento de la desigualdad en el acceso a la vivienda. López y Fernández (2023: 121) concluyen que "la vivienda sigue siendo una mercancía más que un derecho fundamental en el contexto español, lo que perpetúa las desigualdades sociales". Esto refuerza la necesidad de un enfoque integral que contemple la vivienda como derecho y no solo como activo económico.

LA LEY DE VIVIENDA DE 2023

La Ley de Vivienda de 2023 en España, oficialmente denominada Ley por el derecho a la vivienda, representa uno de los esfuerzos legislativos más ambiciosos del país en las últimas décadas para garantizar el acceso a una vivienda digna y asequible. Aprobada en un contexto de creciente desigualdad habitacional y tras años de crisis en el sector inmobiliario, esta normativa busca abordar problemas estructurales como el aumento de los precios del alquiler, la especulación inmobiliaria y la insuficiencia de vivienda social.

La Ley establece medidas para regular los alquileres en zonas declaradas de "mercado tensionado". Estas medidas incluyen la limitación de los incrementos anuales del alquiler al 3% en dichas áreas, así como la fijación de un índice de referencia que orientará los precios en contratos futuros. Además, la Ley refuerza los derechos de los inquilinos, ampliando la duración mínima de los contratos y fortaleciendo los mecanismos de protección frente a desahucios, con la obligación de que las administraciones públicas ofrezcan alternativas habitacionales a las personas en riesgo de exclusión.

Otro punto destacado es la promoción de la vivienda social, que obliga a los grandes propietarios —aquellos con más de diez inmuebles— a destinar un porcentaje de su cartera al alquiler asequible. La Ley también busca combatir la vivienda vacía mediante la implementación de recargos en el impuesto sobre bienes inmuebles (IBI) para propiedades desocupadas de manera injustificada.

A pesar de estas disposiciones, las críticas apuntan a que la Ley carece de los mecanismos y recursos necesarios para cumplir eficazmente sus objetivos. En primer lugar, la regulación de precios del alquiler se ha considerado insuficiente para reducir significativamente la carga económica sobre los hogares más vulnerables. Estudios previos en otros países sugieren que los controles de alquiler pueden desincentivar la oferta, agravando la escasez habitacional (Whitehead y Scanlon, 2021).

Además, la Ley deja a las comunidades autónomas la responsabilidad de declarar las zonas de mercado tensionado, lo que ha generado disparidades en su aplicación. Este enfoque descentralizado sin coordinación multinivel efectiva debilita la cohesión de las políticas habitacionales y genera desigualdades territoriales. Por ejemplo, algunas regiones con mercados tensionados aún no han adoptado estas medidas, como Madrid, lo que reduce la capacidad de la normativa para actuar de manera uniforme en todo el país.

Otra limitación importante es la insuficiencia de vivienda social en España, que representa menos del 2% del parque habitacional, muy por debajo de la media europea (Kenna, O'Callaghan y Caffrey, 2016). Aunque la Ley apunta a fortalecer el alquiler social, no establece metas claras ni un marco de financiación adecuado para aumentar significativamente esta oferta.

En suma, la Ley de Vivienda de 2023 refleja un avance normativo en el reconocimiento del derecho a la vivienda, pero su diseño y ejecución presentan carencias fundamentales. Sin un compromiso político más sólido para ampliar el parque de vivienda social y garantizar la implementación uniforme de sus medidas, la Ley corre el riesgo de quedarse como una respuesta simbólica que no resuelve los problemas estructurales que afectan al derecho a la vivienda en España.

LAS POLÍTICAS HABITACIONALES EN CATALUÑA

Cataluña, y en particular Barcelona, enfrentó desafíos habitacionales desde el siglo XIX debido a su rápido crecimiento industrial. Las cooperativas y asociaciones gremiales desempeñaron un papel destacado en la promoción de viviendas para trabajadores. El Patronato Municipal de la Habitación, creado en 1927, fue una de las primeras instituciones públicas dedicadas a abordar el déficit habitacional.

Al igual que en el resto de España, el franquismo en Cataluña promovió la construcción de polígonos residenciales como respuesta al déficit habitacional. Estas viviendas se concentraron en periferias como Montjuic, que se convirtió en un símbolo del hacinamiento y la pobreza urbana.

El Plan Nacional de Vivienda y la Ley de Viviendas de Renta Limitada fomentaron la participación privada, pero los polígonos carecían de servicios básicos y contribuyeron a la marginación social.

Con la descentralización, Cataluña asumió competencias plenas en vivienda y creó el Institut Català del Sòl (INCASÒL) en 1980. Este organismo se enfocó en la gestión del suelo y la promoción de viviendas protegidas. Además, se implementaron planes de rehabilitación urbana, como el Plan General Metropolitano (1976) y los Planes Especiales de Reforma Interior (PERI), que abordaron el deterioro de barrios históricos y áreas periféricas.

En la actualidad, Cataluña enfrenta desafíos como la gentrificación, la falta de vivienda pública en alquiler y la exclusión residencial. Las políticas recientes han intentado regular los precios de alquiler, pero el impacto ha sido limitado debido a la presión del mercado y la escasez de oferta. Se necesita una mayor inversión en vivienda pública y una mejor coordinación entre los distintos niveles de gobierno.

El desarrollo de las políticas de vivienda en España y Cataluña refleja un proceso de aprendizaje continuo, marcado por avances y retrocesos. Aunque se han logrado mejoras significativas en la oferta habitacional, persisten problemas estructurales como la especulación inmobiliaria y la falta de un parque público de alquiler sólido.

Es esencial adoptar enfoques integrales y sostenibles que prioricen las necesidades de las poblaciones más vulnerables y promuevan la cohesión social. Esto requerirá un compromiso renovado de todos los niveles de gobierno y una visión a largo plazo que garantice el acceso a una vivienda digna como un derecho universal.

LA NEOLIBERALIZACIÓN DE LA VIVIENDA

En España, la financiarización de la vivienda marcó una transformación profunda en las políticas habitacionales, con la transición de un sector público activo hacia un papel subsidiario y dependiente del mercado (López y Rodríguez, 2011). Este cambio se reflejó en el auge de la vivienda libre frente al declive de la vivienda protegida, consolidando la vivienda como mercancía en un contexto de políticas neoliberales (Burriel, 2008). Durante las primeras décadas de la democracia, se perpetuaron dinámicas heredadas del franquismo, donde se priorizó la propiedad mediante incentivos fiscales y la promoción de viviendas de protección oficial (VPO) en compraventa, generalmente con calificación temporal. Este modelo fue funcional para el sector privado y para la recaudación fiscal, fortaleciendo la relación entre desarrollo inmobiliario y economía nacional (Leal, 2010).

Aunque la llegada de la democracia permitió consolidar un Estado del bienestar moderno, España no desarrolló un parque social de vivienda comparable al de otros países europeos. La vivienda continuó siendo un motor económico, adaptándose al neoliberalismo y fomentando la especulación inmobiliaria (López y Rodríguez, 2011). Según Álvarez Mora (2012a), el acceso a la vivienda se estructuró alrededor de un modelo excluyente, centrado en la promoción de la propiedad y con escaso interés por fomentar el alquiler social, una carencia que se hizo evidente durante la crisis financiera de 2008.

El modelo de VPO alentó una sobreproducción residencial, lo que generó un amplio parque de viviendas secundarias y vacías que respondían a los ciclos económicos. Durante las crisis, el Estado impulsaba la construcción pública para sostener el sector; en épocas de expansión, la prioridad recaía en el mercado inmobiliario privado (Burriel, 2008). La Ley del Suelo de 1998 consolidó este modelo, favoreciendo la liberalización del suelo y el protagonismo del urbanismo privado. Sin embargo, como argumentan Montaner, García y Martínez (2010), las cesiones de suelo para vivienda social, dependientes de la continua revalorización del mercado, demostraron ser insostenibles, culminando en el colapso del sector tras la crisis de 2008.

Aunque las competencias en vivienda se transfirieron a las comunidades autónomas con la Constitución de 1978, los Planes Estatales de Vivienda mantuvieron una estructura homogénea hasta 2013. Iniciativas como la rehabilitación urbana emprendida durante los Juegos Olímpicos de Barcelona 1992 y las reservas de suelo para VPO intentaron moderar los efectos de la especulación, pero con resultados limitados (Blanco *et al.*, 2021).

El sistema centrado en la propiedad privada no garantizó el acceso universal a la vivienda y perpetuó la exclusión social y la especulación. Propuestas como la propiedad de tutela pública, que restringen la venta de viviendas sociales para asegurar su función social, han sido planteadas como alternativas viables para equilibrar un modelo dominado por los intereses del mercado (Leal, 2010; Rolnik, 2014).

8. LA IMPORTANCIA DE LA ACCIÓN COLECTIVA Y LOS MOVIMIENTOS SOCIALES

La evolución de las políticas de vivienda en España ha estado marcada por una participación ciudadana limitada, pero crucial. La incidencia de organizaciones como la Plataforma de Afectados por la Hipoteca (PAH) y el Sindicat de Llogateres ha demostrado ser determinante para visibilizar problemáticas estructurales y generar cambios legislativos significativos. Estas organizaciones han jugado un papel esencial al articular demandas colectivas y proponer soluciones innovadoras en un sistema marcado históricamente por la hegemonía del mercado inmobiliario privado.

La capacidad de incidencia política de movimientos sociales como la PAH y el Sindicat de Llogateres depende de elementos clave, entre ellos, una organización interna sólida, un diagnóstico preciso de la problemática y estrategias de presión política adaptadas a las competencias administrativas. Según Rolnik (2014), "la habilidad para identificar y comunicar las raíces estructurales de las crisis habitacionales resulta fundamental para influir en las políticas públicas". Un ejemplo ilustrativo es la Ley catalana de control de alquileres de 2020, impulsada por estos movimientos, que consiguió movilizar a la ciudadanía y obtener respaldo parlamentario. Sin embargo, como señalan Blanco y León (2017), "la falta de coordinación entre los distintos niveles de gobierno en España debilita la implementación y sostenibilidad de las políticas habitacionales". La anulación de esta ley por el Tribunal Constitucional evidenció la necesidad de una gobernanza multinivel más articulada y orientada a garantizar el derecho a la vivienda en un contexto de tensiones entre políticas autonómicas y estatales.

La PAH, por ejemplo, ha destacado al cuantificar ejecuciones hipotecarias y situar la crisis de vivienda en el debate público. Como señala Gabarre de Sus (2019), "sin datos, los problemas no existen". Esto demuestra cómo estas organizaciones transforman problemáticas invisibilizadas en prioridades políticas.

El asociacionismo en torno a la vivienda, especialmente en Barcelona, representa un paradigma innovador dentro de España. La PAH y el Sindicat de Llogateres han adoptado dinámicas *bottom-up*, enfocadas en visibilizar demandas locales mediante la organización colectiva. Esto contrasta con el modelo tradicional, donde la normativa estaba diseñada para maximizar la rentabilidad del sector privado. Según Guida (2024), "los movimientos sociales son esenciales para equilibrar el peso del *lobby* inmobiliario, generando una narrativa alternativa que prioriza el derecho a la vivienda sobre los intereses mercantiles".

Un hito significativo es la institucionalización de demandas sociales, como demuestra el caso de Ada Colau. De activista de la PAH a alcaldesa de Barcelona, Colau encarna la transición de la movilización ciudadana a la gestión pública. Aunque esta institucionalización ha permitido incorporar demandas sociales en la política municipal, la PAH se mantiene autónoma y crítica, enfatizando su naturaleza apartidista (Bernabé, 2020b).

La PAH y el Sindicat de Llogateres han utilizado diversas estrategias para incidir en las políticas públicas. Entre ellas destacan los escraches, campañas como Stop Desahucios y Obra social, y la presentación de iniciativas legislativas populares. Estas acciones han resultado en logros como la Ley 24/2015 en Cataluña, que protege a las familias frente a los desahucios y obliga a grandes tenedores a ofrecer alquileres sociales (Blanco *et al.*, 2021; Vives-Miró, 2020).

No obstante, autores como Rolnik (2014) o Madden y Marcuse (2016) subrayan que la colaboración entre movimientos sociales y partidos políticos, especialmente durante los ciclos electorales, resulta crucial para garantizar la continuidad de los programas de vivienda social. Según Blanco y León (2017), "la construcción de alianzas estratégicas entre la sociedad civil organizada y los actores institucionales no solo favorece la implementación de reformas, sino también su sostenibilidad frente a los cambios en las administraciones públicas". Este enfoque resalta la importancia de integrar a los movimientos sociales en la toma de decisiones, asegurando que los avances legislativos respondan a las necesidades de las comunidades afectadas y se mantengan más allá de los vaivenes políticos.

Más allá de la incidencia política, la función más significativa de estas organizaciones es el apoyo directo a las familias en situación de vulnerabilidad residencial. Este apoyo, que combina asesoramiento profesional gratuito y activismo, ha evolucionado desde abordar impagos hipotecarios hasta combatir la escasez de alquiler asequible. Según Martínez y Gil (2022), "la flexibilidad de estas organizaciones para adaptarse a la demanda les dota de una capacidad única para diagnosticar problemas locales y ofrecer soluciones efectivas".

Las campañas de desobediencia civil pacífica, como las okupaciones de viviendas vacías propiedad de grandes tenedores, han emergido como respuestas temporales efectivas frente a la exclusión residencial extrema. Estas acciones se inscriben en lo que Lefebvre (1996) denomina el derecho a la ciudad, entendido como la reivindicación colectiva de los espacios urbanos frente a las dinámicas de exclusión promovidas por la especulación inmobiliaria. Según Madden y Marcuse (2016), "las estrategias de ocupación son un acto de resistencia frente a un sistema que prioriza el lucro sobre las necesidades humanas".

Además, estas iniciativas reflejan la capacidad de las organizaciones sociales para llenar los vacíos que deja un sistema público insuficiente y un mercado dominado por intereses especulativos. Como apunta Rolnik (2014), "en un contexto de mercantilización global de la vivienda, las acciones directas de las comunidades afectadas son, a menudo, la única forma de garantizar el acceso a un hogar". Las okupaciones, más allá de cubrir una necesidad inmediata, fomentan la autogestión comunitaria y la solidaridad, ofreciendo modelos alternativos de convivencia y resistencia (Blanco *et al.*, 2021). La tensión entre la visión social y la mercantil de la vivienda es una constante en la lucha por el derecho a la vivienda. La PAH y el Sindicat de Llogateres representan una confrontación directa con el modelo de mercado, al proponer una perspectiva que prioriza las necesidades de la mayoría sobre los intereses de unos pocos. Como subrayan Madden y Marcuse (2016), "la vivienda no puede ser tratada simultáneamente como un derecho y una mercancía, ya que las lógicas del mercado inevitablemente socavan la justicia social que un derecho implica".

El 23 de noviembre de 2024, en Barcelona, se llevó a cabo una manifestación, considerada histórica, en defensa del derecho a la vivienda, marcada por su magnitud y la relevancia de sus demandas. Convocada por el Sindicat de Llogateres, reunió entre 22.000 y 170.000 personas, según diversas estimaciones. Esta movilización exigió una reducción del 50% en los alquileres, contratos de arrendamiento indefinidos para garantizar la estabilidad residencial, la reutilización de viviendas con fines residenciales y la prohibición de la especulación inmobiliaria. Fue replicada simultáneamente en ciudades como Madrid, Málaga, Cádiz y Sevilla (*The Objective*, 2024; EFE, 2024).

La protesta no solo fue un llamado a los Gobiernos, sino también un anuncio de una posible huelga de alquileres, subrayando la capacidad de presión colectiva para contrarrestar el poder de los grandes actores inmobiliarios (*The Objective*, 2024). La jornada es un recordatorio del papel de la movilización ciudadana como herramienta para enfrentar desigualdades estructurales y garantizar derechos fundamentales, donde se contó con el respaldo de más de 4.000 entidades y 60 comités organizativos, destacando movimientos como la Plataforma de Afectados por la Hipoteca (PAH), así como sindicatos como la Confederación General del Trabajo (CGT), y partidos políticos afines a la propuesta marcada por el sindicato, como En Comú, la CUP y algunos sectores de Esquerra Republicana.

La PAH y el Sindicat de Llogateres han transformado la lucha por el derecho a la vivienda en un movimiento social influyente y efectivo. Su capacidad para articular demandas, visibilizar problemáticas estructurales y generar cambios legislativos demuestra el poder de la organización ciudadana en un contexto dominado por intereses privados. Como señala Guida (2024), "el derecho a la vivienda es una lucha constante que exige confrontación, consenso y una visión colectiva que trascienda la lógica mercantil". La experiencia de Barcelona se consolida, así, como un referente en la gobernanza urbana participativa, donde la sociedad civil desempeña un papel central en la defensa del derecho a una vivienda digna y asequible.

9. RESPUESTAS MUNICIPALES A LA VIVIENDA EN LAS PRINCIPALES CAPITALES EUROPEAS

VIENA

Viena ha sido históricamente un referente en materia de políticas de vivienda social. Desde la década de 1920, bajo el liderazgo del Gobierno socialdemócrata conocido como la Viena Roja, la ciudad ha implementado un sistema innovador y sostenible que permite a más del 60% de sus habitantes vivir en viviendas asequibles y de alta calidad. Este modelo, que se sostiene hasta la actualidad, no solo asegura una amplia oferta de casas con alquileres baratos, sino que también incluye instalaciones comunitarias como lavanderías, jardines, patios, guarderías e incluso piscinas y lagos artificiales. En este contexto, el gasto promedio en vivienda representa apenas un 10% del ingreso mensual de los residentes, destacándose como una de las ciudades más equitativas del mundo en términos de acceso a la vivienda.

El modelo vienés se articula en torno a más de 400.000 viviendas sociales o protegidas, conocidas como *Gemeindebauten*. Estas residencias no solo están destinadas a personas con bajos ingresos, sino también a una clase media que se beneficia de un sistema de protección oficial diseñado para prevenir la segregación social. Tal como señala Andreas Novy en su estudio sobre vivienda en Viena, "el sistema de vivienda social de la ciudad es un ejemplo de cómo la integración de diferentes grupos sociales puede prevenir la guetización y fomentar comunidades cohesionadas" (Novy, 2013).

Los alquileres de estas viviendas están estrictamente regulados, asegurando precios asequibles incluso en momentos de crisis económica. Un informe del Instituto de Estudios Urbanos de Viena resalta que, gracias a este modelo, el costo promedio de la vivienda representa, como ya hemos comentado, solo un 10% del sueldo de los vieneses, una cifra considerablemente menor que en otras capitales europeas, donde el gasto en vivienda puede superar el 30% del ingreso mensual (Wohnfonds Wien, 2020).

Más allá de ofrecer una vivienda asequible, el modelo vienés se distingue por la calidad de sus infraestructuras. Los complejos residenciales están diseñados para fomentar el bienestar y la interacción social entre los vecinos. Estas instalaciones incluyen jardines comunitarios, lavanderías compartidas, patios amplios y, en muchos casos, guarderías y piscinas. Algunos proyectos incluso ofrecen acceso a lagos artificiales, integrando áreas verdes que mejoran la calidad de vida.

Un ejemplo icónico de esta filosofía es el Karl-Marx-Hof, construido entre 1927 y 1930. Este complejo, considerado uno de los más grandes del mundo, incluye más de 1.300 apartamentos junto con bibliotecas, escuelas, centros de salud y espacios recreativos. Según la agencia municipal responsable de la gestión de viviendas sociales —Wiener Wohnen—, el objetivo de estas infraestructuras es "proveer más que un hogar: un entorno que apoye el desarrollo individual y comunitario" (Wiener Wohnen, 2019).

El éxito del modelo vienés radica en un sistema de financiación robusto y sostenible. La ciudad invierte significativamente en la construcción y mantenimiento de viviendas sociales, utilizando ingresos generados por los propios alquileres y aplicando una política fiscal progresiva. Además, Viena colabora estrechamente con cooperativas de vivienda y desarrolladores privados bajo estrictos controles gubernamentales. Como señala un informe del Banco Europeo de Inversiones, "Viena demuestra que la vivienda asequible es viable cuando se prioriza como una política pública y se gestiona con visión a largo plazo" (EIB, 2021).

El modelo también fomenta la participación ciudadana en la planificación y gestión de los proyectos residenciales. Esto asegura que las viviendas respondan a las necesidades reales de sus habitantes y que las comunidades mantengan un sentido de pertenencia. Reinhard Seiß, urbanista y crítico de planificación, destaca que "la involucración de los residentes en el diseño y funcionamiento de las viviendas fortalece la cohesión social y fomenta un sentimiento de comunidad" (Seiß, 2020).

El éxito de Viena en materia de vivienda no solo se mide en términos de acceso, sino también en la creación de comunidades inclusivas y sostenibles. Este modelo ha sido ampliamente estudiado y se ha convertido en referencia para ciudades de todo el mundo. Sin embargo, como señala Novy (2013), "la replicabilidad de este modelo requiere un compromiso político sostenido y una percepción de la vivienda como un derecho fundamental, no como una mercancía".

En conclusión, la tradición socialdemócrata vienesa ha logrado articular un sistema que combina asequibilidad, calidad y sostenibilidad de manera replicable. Este enfoque no solo ha mejorado la calidad de vida de sus habitantes, sino que también ha demostrado que es posible construir ciudades más justas y equitativas mediante políticas públicas orientadas al bienestar colectivo.

ESTOCOLMO

En Estocolmo, alrededor del 40% de los inquilinos vive en viviendas sociales bajo contratos regulados conocidos como *Hyresrätt*, un sistema que ha perdurado durante más de 80 años y que comparte varios principios con la experiencia vienesa.

El *Hyresrätt* se entiende como el derecho a la propiedad en materia de vivienda como un derecho real en términos jurídicos, un modelo que garantiza contratos de alquiler de largo plazo bajo un esquema de precios regulados, donde se destina un 20% de los ingresos a la vivienda en consonancia con el promedio de la OCDE. En Estocolmo, las viviendas sociales son administradas por empresas municipales como Svenska Bostäder, que funcionan bajo principios de sostenibilidad y equidad. Los precios de los alquileres son establecidos mediante negociaciones colectivas entre asociaciones de inquilinos y propietarios, evitando incrementos arbitrarios. Según un informe del Swedish Union of Tenants, "la regulación de precios en Suecia permite que las familias permanezcan en zonas urbanas, evitando desplazamientos forzosos y fomentando la estabilidad comunitaria" (Swedish Union of Tenants, 2021).

Además, tanto Estocolmo como Viena han priorizado la creación de entornos habitacionales completos, con servicios como guarderías, jardines y espacios comunitarios que fomentan la integración social. En palabras de Kristina Öhman, "el éxito del modelo sueco radica en su capacidad para combinar sostenibilidad económica con cohesión social, un principio heredado de la experiencia vienesa" (Öhman, 2018).

En este sentido, podríamos entender que el sistema de vivienda sueco ha encontrado en la tradición socialdemócrata vienesa una fuente de inspiración clave, adaptando sus principios a un contexto nacional que valora la regulación de precios, la sostenibilidad y la equidad en el acceso a la vivienda. Estos modelos subrayan que la vivienda no es solo una necesidad, sino un derecho esencial para el bienestar colectivo.

LONDRES

A pesar de las diferencias históricas y económicas entre Londres y Viena, puede percibirse el impacto y replicabilidad del sistema de *Gemeindebauten* vienés en los intentos londinenses de mejorar el acceso a la vivienda mediante políticas públicas, especialmente en un contexto de creciente desigualdad urbana.

El sistema de vivienda de Londres, aunque más fragmentado que el vienés, incluye elementos que buscan mitigar la crisis habitacional. Uno de los aspectos clave ha sido la implementación de *council housing*, viviendas municipales destinadas a sectores de ingresos bajos y medios. Sin embargo, tras décadas de políticas neoliberales y el impacto del Right to Buy (Ley de Compra), que permitió la venta de estas viviendas a precios reducidos, el número de propiedades municipales se ha reducido drásticamente. Según Shelter (2020), una organización benéfica dedicada a la vivienda, "el *stock* de viviendas sociales en Londres ha disminuido un 25% en las últimas tres décadas, agravando la crisis de asequibilidad".

En respuesta, iniciativas recientes, como el Affordable Housing Programme, buscan recuperar parte del enfoque vienés al combinar la construcción de viviendas asequibles con regulaciones más estrictas para desarrolladores privados. Además, se han promovido programas de alquiler intermedio y cooperativas de vivienda que garantizan precios moderados. Estas políticas reflejan el reconocimiento de que "la intervención pública es esencial para reequilibrar un mercado inmobiliario que ha priorizado el lucro sobre el acceso equitativo" (Minton, 2017).

Aunque Londres enfrenta desafíos significativos, la influencia vienesa ha inspirado un replanteamiento de sus políticas, subrayando la importancia de modelos de vivienda sostenibles y socialmente inclusivos en una ciudad marcada por la desigualdad.

PARÍS Y BERLÍN

A nadie se le escapa al preguntar respecto medidas reguladoras del alquiler en materia de vivienda, los casos de París y Berlín, como aquellos que más resonancia mediática han tenido.

París y Berlín han visto gravemente alteradas su estructura social y espacial mediante un proceso de gentrificación y el consecuente incremento del valor inmobiliario de las capitales iniciado en los años noventa del siglo pasado. A consecuencia de la combinación de políticas públicas y dinámicas de mercado que favorecen la reconfiguración social del espacio urbano en un producto mercantil, las clases populares fueron desplazadas a la periferia.

El aumento de los precios del alquiler, particularmente desde 2015, ha generado graves problemas de acceso y permanencia en la vivienda en grandes ciudades europeas. En este contexto, Berlín y París adoptaron medidas específicas para limitar los precios de los alquileres.

Las políticas reguladoras del alquiler en ciudades como París y Berlín han sido objeto de atención debido a los efectos de la gentrificación y el aumento de los precios inmobiliarios que han alterado gravemente la estructura social y espacial de ambas capitales (Atkinson, 2003; Hackworth, 2002). En este contexto, el incremento de los precios de los alquileres, particularmente desde 2015, ha generado graves problemas de acceso y permanencia en la vivienda, lo que llevó a París y Berlín a implementar medidas para limitar los precios.

En París, el giro hacia políticas de izquierda en 2001 buscó una ruptura con las políticas anteriores, promoviendo la construcción de viviendas sociales. Sin embargo, Clerval (2015) argumenta que, pese a la producción de 2.500 viviendas anuales, estas medidas no han logrado frenar el desplazamiento de poblaciones vulnerables, ya que las viviendas sociales construidas no han compensado las pérdidas por la rehabilitación de inmuebles. De esta forma, se mantiene un problema estructural relacionado con la "mixticidad social" (ibíd.). En Berlín, el *Mietspiegel* o "espejo de alquileres" es clave para la regulación del alquiler, funcionando como una base de datos de precios comparables para actualizar las rentas. La introducción del *Mietpreisbremse* —índice de alquileres— en 2015, que limita los alquileres nuevos a un 10% sobre el precio de referencia, junto con un límite adicional del 15% en tres años, ha supuesto un esfuerzo por frenar los incrementos en los mercados tensados (Glaeser, 2018).

Ambas ciudades implementaron medidas en 2015, pero con enfoques diferentes. Mientras Berlín se centra en la actualización estructurada de rentas bajo el Código Civil alemán (BGB), París ha introducido precios de referencia calculados por el Observatorio de Alquileres (Observatoire des Loyers de l'Agglomération Parisienne, OLAP) y establece límites basados en índices derivados del consumo (Loyer, 2018). A pesar de estos esfuerzos, los resultados han sido moderados, con una desaceleración parcial del crecimiento de los alquileres, aunque las excepciones legales del *Mietpreisbremse* han reducido su efectividad. Además, las políticas de ambas capitales enfrentan retos comunes, como la necesidad de mayor transparencia y la integración de los mercados de vivienda privada y social.

Las experiencias de Berlín y París muestran que, aunque se busca equilibrar la composición social, las políticas llevadas a cabo a menudo benefician más a las clases medias que a los sectores más desfavorecidos. El enfoque limitado a barrios e inmuebles específicos ignora las dinámicas de segregación y exclusión que subyacen al aumento sostenido de los precios inmobiliarios, exacerbando las desigualdades espaciales y sociales (Bramley, 2014). La falta de una estrategia coordinada a nivel metropolitano y la limitada intervención estatal dificultan una solución integral al problema de la escasez de vivienda asequible.

El caso de París y Berlín ejemplifican cómo las políticas urbanas, incluso cuando buscan promover la diversidad social, pueden reforzar las dinámicas de gentrificación si no se toman en cuenta las necesidades específicas de las clases populares y se prioriza la equidad en el acceso a la vivienda (Clerval, 2015).

10. CONCLUSIONES

Las conclusiones del análisis sobre la vivienda como un componente esencial de la realidad urbana destacan la complejidad de su evolución histórica y su interrelación con las dinámicas sociales, económicas y políticas contemporáneas. A lo largo de la historia, la vivienda ha pasado de ser un simple refugio para convertirse en un espacio multifuncional que refleja y reproduce las jerarquías sociales y las condiciones de vida de las comunidades. Este proceso ha estado marcado por transformaciones significativas, desde los primeros asentamientos en el Neolítico hasta el urbanismo moderno, donde la planificación urbana busca mejorar la calidad de vida de la población, especialmente de las clases trabajadoras.

En el contexto actual, la vivienda se enfrenta a desafíos sin precedentes, exacerbados por la financiarización del sector inmobiliario y la crisis habitacional que afecta a muchas ciudades. La creciente especulación inmobiliaria ha llevado a un aumento en los precios de la vivienda, lo que dificulta el acceso a un hogar digno para amplios sectores de la población. Este fenómeno no solo refleja una crisis económica, sino también una crisis de derechos humanos, donde el acceso a la vivienda se convierte en un privilegio en lugar de un derecho fundamental.

Los movimientos sociales por la vivienda han jugado un papel crucial en la lucha por el reconocimiento del derecho a la vivienda y en la presión hacia la implementación de políticas públicas que prioricen el bienestar social sobre la rentabilidad económica. Estos movimientos han evidenciado la necesidad de un enfoque más inclusivo y equitativo en la formulación de políticas habitacionales, que contemple la diversidad de necesidades y realidades de las comunidades urbanas. Además, la globalización y la interconexión de las ciudades han transformado la noción de lo urbano, diluyendo las fronteras entre lo urbano y lo rural. Este fenómeno exige una reconfiguración de las estrategias de planificación urbana, que deben integrar no solo la vivienda, sino también el acceso a servicios, empleo y oportunidades de desarrollo. La sostenibilidad urbana se presenta como un imperativo, donde las soluciones deben ir más allá de enfoques tecnológicos y de mercado, promoviendo la solidaridad comunitaria y la participación ciudadana.

Esto se concreta en:

1. El fomento de la vivienda pública mediante la producción o compra de viviendas públicas y sociales a gran escala, lo que garantiza el acceso a viviendas asequibles y de calidad para la mayoría de la población. Estas viviendas son construidas o compradas y gestionadas tanto por el Gobierno local como por asociaciones sin ánimo de lucro, con un énfasis particular en estándares arquitectónicos elevados y la integración de servicios esenciales, como guarderías,

zonas verdes y espacios culturales, además de regular los costos de alquiler para mantenerse muy por debajo de los precios del mercado privado, lo que reduce significativamente la presión económica sobre los inquilinos. Según estudios recientes, "los complejos habitacionales públicos no solo ofrecen precios accesibles, sino que también están diseñados para promover la convivencia y la mezcla social" (Novy y Mayer, 2021).

2. Un financiamiento público sólido y bien planificado, y subvenciones mediante un presupuesto sostenido, destinando una parte sustancial de su presupuesto municipal a la construcción o recuperación y mantenimiento de viviendas públicas, financiadas principalmente mediante impuestos específicos, como un "impuesto a las nóminas que permite garantizar recursos consistentes" (Kadi, 2022) y otorgando a "los inquilinos con ingresos bajos y medianos acceso a subsidios de alquiler", lo que les permite cubrir parte del costo de sus viviendas (Gemeindebauten Wien, 2023).
3. La mezcla social y el acceso universal mediante criterios amplios de elegibilidad, que incluyen no solo a familias de bajos ingresos, sino también a la clase media. Según estadísticas municipales, "este enfoque permite que los complejos habitacionales alojen una mezcla equilibrada de residentes, lo que fortalece la cohesión social y reduce la segregación" (Novy, 2019). Además de una distribución de las viviendas públicas de manera uniforme en toda la ciudad, lo que garantiza que no se concentren en zonas específicas. Este principio de equidad territorial refuerza

el acceso universal a servicios urbanos de calidad y fomenta la integración de las comunidades.

4. La regulación del mercado de alquiler mediante control de precios y protección del inquilino, interviniendo activamente en el mercado de alquiler privado para garantizar precios justos y proteger a los inquilinos. En el ejemplo de Viena, según las normativas locales, "los precios de los alquileres están regulados mediante límites establecidos para evitar la especulación inmobiliaria" (Kadi y Musterd, 2020). Asimismo, las leyes de protección del inquilino deben ser especialmente robustas, prohibiendo desalojos arbitrarios y garantizando la renovación automática de los contratos de arrendamiento. Estas medidas ofrecen estabilidad a los hogares y reducen la incertidumbre asociada al mercado privado de vivienda.
5. Sostenibilidad y urbanismo orientado a la comunidad, donde no solo se ofrecen viviendas, sino que también se integran infraestructuras y servicios que fomentan la autosuficiencia y el bienestar colectivo. "La inclusión de escuelas, centros deportivos, tiendas y espacios culturales en los complejos residenciales permite crear microcomunidades que satisfacen las necesidades diarias de sus habitantes" (Wiener Wohnen, 2023).
6. Una fuerte participación ciudadana mediante consultas públicas y cooperativas de vivienda como componente esencial del modelo durante la planificación y ejecución de proyectos, fortaleciendo una gestión comunitaria efectiva y un sentido de pertenencia que aplica un rol activo en la administración

y el mantenimiento de los complejos residenciales. Este modelo no solo empodera a los inquilinos, sino que también mejora la sostenibilidad a largo plazo de las viviendas.

En conclusión, es fundamental adoptar un enfoque integral que reconozca la vivienda como un derecho social y no como un mero bien de consumo. Las políticas públicas deben ser diseñadas y ejecutadas con un enfoque en la equidad, la inclusión y la sostenibilidad, garantizando así el acceso a una vivienda digna para todos. Solo a través de un compromiso colectivo y una acción coordinada se podrá enfrentar la crisis habitacional y construir ciudades más justas y resilientes.

BIBLIOGRAFÍA

Aja Valle, J. (2016): "Clase, precariedad laboral y crisis de régimen. Una interpretación del ciclo político de la crisis", *Pensar desde Abajo. Fundación Andaluza Memoria y Cultura*, 5, pp. 27-56.

Alarcón, P.; Font, J. y Madrid, E. (2015): *Participación, ciudadanía y desigualdad. Líneas de acción*, Oxfam Intermón.

Alberdi, B. (2014): "Social Housing in Spain", en K. M. Scanlon, C. Whitehead y M. Fernández (eds.), *Social Housing in Europe*, Oxford, Wiley Blackwell, en https://lc.cx/yiDILZ.

Alós-Moner, R. (1999): "Las políticas de desarrollo local en Cataluña", *Papers. Revista de Sociología*, 58, pp. 75-93, en https://lc.cx/J2xPIN.

Álvarez-de Andrés, E. y Smith, H. (2019): "La lucha por la vivienda en España (2009-2019): desde la calle a las instituciones", *Revista INVI*, 34(97), pp. 179-203.

Álvarez Mora, A. (2012a): "La vivienda en España: Un análisis crítico", *Revista de Estu-dios Urbanos*, 23(4), pp. 89-102.

— (2012b): *La vivienda en el capitalismo: De la mercantilización a la exclusión*, Ediciones Críticas.

Anderson, I. (1993): "Housing policy and street homelessness in Britain", *Housing Studies*, 8(1), pp. 17-28, en https://lc.cx/PHTC3o.

ANDERSSON, R. y TURNER, L. M. (2014): "Segregation, gentrification, and residualisation: From public housing to market-driven housing allocation in inner city Stock-holm", *International Journal of Housing Policy*, 14(1), pp. 3-29, en https://lc.cx/5Skg_t.

ANDREOTTI, A. y MINGIONE, E. (2016): "Cities and social cohesion: Inequalities and rights", *Urban Studies*, 53(6), pp. 1201-1217.

ANDREOTTI, A.; MINGIONE, E. y POLIZZI, E. (2012): "Local Welfare Systems: A Challenge for Social Cohesion", *Urban Studies*, 49(9), pp. 1925-1940, en https://lc.cx/KL1gbu.

ANDREU-ACEBAL, M. (2014): *El moviment ciutadà i la transició a Barcelona: la FAVB (1972-1986)*, tesis doctoral, Universidad de Barcelona, en https://lc.cx/Bdfp6M.

ARAMBURU, M. (2015): "La tradición de las cooperativas habitacionales en Cataluña", *Revista de Estudios Urbanos*, 12(3), pp. 123-145.

ASAMBLEA GENERAL DE LAS NACIONES UNIDAS (1948): *Declaración Universal de los Derechos Humanos* (Res. 217 A (III)), en https://lc.cx/71p51n.

ATKINSON, R. (2003): "Gentrification in urban neighborhoods: Social change and conflict", *Urban Studies*, 40(12), pp. 2345-2361.

BAPTISTA, I. (2010): "Housing exclusion in Europe: State of play and policies for action", *Social Policy and Administration*, 44(5), pp. 531-550.

BAUBÖCK, R. (2003): "Reinventing urban citizenship", *Citizenship Studies*, 7(2), pp. 139-160.

BEAUMONT, J. y NICHOLLS, W. (2008): "Plural governance, participation and democracy in cities", *International Journal of Urban and Regional Research*, 32(1), pp. 1-17, en https://lc.cx/9YjWkQ.

BERNABÉ, A. (2020a): *Ciudadanía y derecho a la vivienda: Nuevas perspectivas*, Madrid, Editorial Universitaria.

— (2020b): "Movilización y política pública: El caso de la PAH", *Política Urbana y Social*, 18(2), pp. 34-56.

Blanco, I. (2015): "Between democratic network governance and neoliberalism: A regime theoretical analysis of collaboration in Barcelona", *Cities*, 44, pp. 123-130, en https://lc.cx/BfeRWR.
Blanco, I. y Gomà, R. (2003): "Gobiernos locales y redes participativas: retos e innovaciones", *Revista Del CLAD Reforma y Democracia*, 26.
Blanco, I. y León, M. (2017): "Alianzas estratégicas en políticas de vivienda en España", *Política Social y Servicios Públicos*, 8(2), pp. 45-60.
Blanco, I. *et al.* (2016): "El papel de la innovación social frente a la crisis", *Ciudad y Territorio. Estudios Territoriales*, 48(188), pp. 249-260.
— (2021): "Movilización social y acceso a la vivienda: Un análisis comparativo", *Urban Studies*, 58(3), pp. 345-362.
Bonet i Martí, J. (2012): "El territorio como espacio de radicalización democrática. Una aproximación crítica a los procesos de participación ciudadana en las políticas urbanas de Madrid y Barcelona", *Athenea Digital*, 12(1), pp. 15-28.
Borja, J. (1973): *Movimientos sociales urbanos*, Buenos Aires, Siap.
Borja, J. y Castells, M. (1997): *Local y global. La gestión de las ciudades en la era de la información*, Naciones Unidas, Centre des Nations Unies pour les établissements humains.
Bramley, G. (2014): "Housing and inequality: Understanding the dynamics of gentrification and displacement", *International Journal of Housing Policy*, 14(2), pp. 169-190.
Brenner, N. (2004): "Urban governance and the production of new state spaces in west-ern Europe, 1960-2000", en *Review of International Political Economy*, 11(3), pp. 447-488), en https://lc.cx/gj7kFk.
— (2013): "Urbanization and the global capitalist economy", en *Urban theory and the urban question*, Londres, Routledge, pp. 35-55.
— (2014): *Urbanization as a planetary phenomenon: The new geography of cities*, Oxford, Oxford University Press.
— (2017): *The global urban crisis and the future of the city in the era of neoliberalism*, Londres y Nueva York, Verso.

Brenner, R. (2009): *La economía de la turbulencia global. Las economías capitalistas avanzadas de la larga expansión al largo declive, 1945-2005*, Madrid, Akal.

Brenner, N. y Theodore, N. (2002): "Cities and the Geographies of 'Actually Existing Neoliberalism'", *Antipode*, 34(3), pp. 349-379.

Brugué, Q. y Gomà, R. (1998): "Gobierno local, ciudad y política urbana", *Estudios Demográficos y Urbanos*, 13(3(39)), pp. 561-583.

Buck, N. y Gordon, I. (2005): *Rising inequality and London's changing social structure*, *Urban Studies*, 4(5), pp. 719-746.

Burriel, F. (2008): *La financiarización de la vivienda en España: Crisis y políticas de mercado*, Madrid, Editorial Universidad.

Calderón, J. (2013): *Los pobres urbanos y la propiedad*, Madrid, Editorial Académica Española.

Capel, H. (1975): "Urbanización y modernización en la España contemporánea", *Cuadernos Geográficos*, 5(1), pp. 13-27.

— (2002): *La morfología de las ciudades: Sociedad y configuración urbana en la historia*, Barcelona, Ediciones del Serbal.

— (2003): "Vivienda y exclusión social: Un análisis histórico", *Scripta Nova*, 10(200), pp. 1-35.

— (2005): *El Modelo Barcelona: un examen crítico*, Barcelona, Ediciones del Serbal, en https://lc.cx/ePgBrD.

Carmona-Pascual, P. (2022): *La democracia de propietarios. Fondos de inversión, rentismo popular y la lucha por la vivienda*, Madrid, Traficantes de Sueños.

Castells, M. (1979): *La cuestión urbana*, Madrid, Siglo XXI de España.

— (1983): *The city and the grassroots: A cross-cultural theory of urban social movements*, Berkeley, University of California Press.

Castillo, M. J. y Forray, R. (2014): "La vivienda, un problema de acceso al suelo", *ARQ*, 86, pp. 48-57, en https://lc.cx/1c9eC7.

Clerval, A. (2015): "Gentrificación en París: Impactos sociales y políticas públicas", *Urbanisme et Sociétés*, 23(4), pp. 56-72.

Colau, A. y Alemany, A. (2013): *Vidas hipotecadas: De la burbuja inmobiliaria al derecho a la vivienda*, Barcelona, Angle Editorial.

Comité de Derechos Económicos, Sociales y Culturales (1991): "El derecho a una vivienda adecuada" (art. 11, párr. 1), *Observación general No. 4* (6.° período de sesiones), en https://lc.cx/mfaF4y.

Davies, J. (2011): *La representación política en la gobernanza global*, Nueva York, Sage Publications.

Della Porta, D. (2018): *Protest in times of crisis: Political participation in Europe*, Cambridge, Polity Press.

Diario oficial de la Unión Europea. Comité de las Regiones (2009): *Libro blanco del comité de las regiones sobre la gobernanza multinivel*.

Domínguez, J. y Martínez, F. (2017): "Políticas habitacionales y exclusión social en España", *Revista Española de Sociología*, 26(1), pp. 57-78.

Domingo i Clota, R. y Bonet i Casas, P. (1998): "El movimiento vecinal en Barcelona: Historia y retos", *Cuadernos de Historia Urbana*, 12(5), pp. 78-92.

EFE (2024): "Miles de manifestantes exigen el derecho a la vivienda en Barcelona", *Agencia EFE*.

EIB (2021): "Viena: Un modelo de vivienda asequible y sostenible", *Banco Europeo de Inversiones*.

Eizaguirre-Anglada, S. (2012): *Innovació social i governança urbana. Entitats social-ment creatives a Barcelona i Bilbao*, tesis doctoral, Universidad de Barcelona.

Eizaguirre, S. *et al.* (2012): "Multilevel Governance and Social Cohesion: Bringing Back Conflict in Citizenship Practices", *Urban Studies*, en https://lc.cx/V5D1ww.

Engels, F. (1969[1845]): *Conditions of the Working-Class in England*, Moscú, Panther Edition.

— (1975): "Contribución al problema de la vivienda", en Marx y Engels, *Obras escogidas*, tomo 1, Madrid, Editorial Akal, pp. 572-667.

Espinosa, A. (2008): "Vivienda protegida y política habitacional en España: Una visión crítica", *Revista de Estudios Urbanos*, 7(2), pp. 75-89.

Etxezarreta, M. y Ribera, R. (2008): "Capitalismo, espacio y vivienda. Auge y Crisis de La Vivienda En España", *Seminario de Economía Crítica TAIFA, Informes de economía*, 5, pp. 6-18.

Febrero-Paños, J. y Dejuán-Asenjo, J. (2009): "Vivienda y exclusión social en tiempos de crisis", *Scripta Nova*, 13(313), pp. 1-20.

Fitzpatrick, S. y Watts, B. (2020): "Housing and homelessness in Europe: A review of the evidence", *European Journal of Homelessness*, 14(2), pp. 45-58, en https://lc.cx/5UPs4s.

Flesher, F. (2020): *El Sindicat de Llogateres: Una historia de resistencia y organización*, Barcelona, Universitat de Barcelona.

Font, J. *et al.* (2000): *Mecanismos de participación ciu-dadana en la toma de decisiones locales: una visión panorámica*, Concurso de Ensayos Del CLAD "Administración Pública y Ciudadanía", Caracas.

Gabarre de Sus, M. (2019): *La PAH y la crisis de vivienda: Datos, visibilidad y acción política*, Barcelona, Editorial Politext.

García, M. y Jordá, E. (2020): "Las políticas habitacionales en España y sus desafíos", *Urbanismo y Sociedad*, 5(3), pp. 215-234.

García-Bernardos, J. (2017): "Políticas públicas y el derecho a la vivienda", *Revista Española de Ciencia Política*, 17(1), pp. 45-69.

García-Ferrando, L. (2008): "Retos para un nuevo modelo de intervención en barrios: La Llei de Barris de Cataluña (2004). Cambios en las políticas de regeneración urbana", *Scripta Nova: Revista Electrónica de Geografía y Ciencias Sociales*, 12, 54.

García-Herrera, L. (2015): "La política de vivienda en España: Crítica y propuestas para su mejora", *Revista Española de Sociología*, 24(3), pp. 63-77.

García-Lamarca, M. y Kaika, M. (2016): "Desahucios y financiarización: La transformación de la vivienda en España", *Housing Studies*, 31(8), pp. 123-145.

García-Montalvo, J. (2003): "La vivienda en España: Desgravaciones, burbujas y otras historias", *Perspectivas Del Sistema Financiero*, 78, pp. 1-43.

— (2006): "Deconstruyendo la burbuja: expectativas de revalorización y precio de la vivienda en España", *Papeles de Economía Española*, 109, pp. 44-75.
— (2007): "Algunas consideraciones sobre el problema de la vivienda en España", *Papeles de Economía Española*, 113, pp. 138-155.
García-Teruel, R. M. y Nasarre-Aznar, S. (2022): "Quince años sin solución para la vivienda. La innovación legal y la ciencia de datos en política de vivienda", *Revista Crítica de Derecho Inmobiliario*, 789, pp. 183-223.
Geddes, M. (2006): *The politics of local governance in the global era*, Londres, Palgrave Macmillan.
Gemeindebauten Wien (2023): "La financiación de viviendas públicas y el acceso a subsidios de alquiler en Viena", *Viena Housing Reports*, 29(2), pp. 45-58.
Gerometta, J. *et al.* (2005): *La economía social y la gestión participativa: Un análisis crítico de la participación en el sector público*, Londres, Palgrave Macmillan.
Glaeser, E. L. (2018): "Urban economics and the regulation of rental markets", *Journal of Economic Perspectives*, 32(1), pp. 163-184.
Gómez, M. y Sánchez, R. (2018): *Los planes de vivienda en España: Adaptaciones a las dinámicas sociales y los retos persistentes* [s. e.].
González, M. y Sevilla, L. (2014): Vivienda y control social en la dictadura franquista: El papel del Instituto Nacional de la Vivienda [s. e.].
Guida, G. (2024): *Sistemas de Gobernanza en el proceso de diseño e implementación de Políticas de Vivienda: un análisis comparado entre Barcelona, España; y Santiago, Chile*, tesis doctoral, Universidad de Barcelona.
Habermas, J. (1987a): *Teoría de la acción comunicativa I: Racionalidad de la acción y estructura social*, Barcelona, Editorial Taurus.
— (1987b): *Teoría de la acción comunicativa II: Crítica de la razón funcionalista*, Barcelona, Editorial Taurus.

Hackworth, J. (2002): "Privatization and the restructuring of urban space in global cities", *Urban Affairs Review*, 38(5), pp. 640-659.
Hajer, M. y Wagenaar, H. (2003): *Deliberative policy analysis: Understanding governance in the network society*, Cambridge, Cambridge University Press.
Harvey, D. (1973): *Social Justice and the City*, Oxford, Blackwell.
— (1989): *The condition of postmodernity: An enquiry into the origins of cultural change*, Oxford, Blackwell.
— (1996): "Cities or urbanization?", *City*, 1(1-2), pp. 38-61, en https://lc.cx/7ZUois.
— (2008): "The Right to the City", *New Left Review*, 53, pp. 23-40.
— (2012): *Rebel Cities: From the Right to the City to the Urban Revolution*, Nueva York y Londres, Verso.
— (2013): *Rebel cities: From the right to the city to the urban revolution*, Nueva York y Londres, Verso.
— (2007a): *Breve historia del neoliberalismo*, Madrid, Akal.
— (2007b): *Espacios del capital. Hacia una geografía crítica*, Madrid, Akal.
Hernández, P. (2021): "La crisis de 2008 y sus efectos sobre el acceso a la vivienda en España".
Hipsher, S. S. (1996): "El movimiento social urbano en España y su evolución durante la transición democrática", *Journal of Spanish Social Movements*, 32(4), pp. 56-72.
Hoekstra, J. y Vakili-Zad, A. (2011): "Cambio paradigmático en las políticas de vivienda en España: De la propiedad al alquiler asequible".
Hohmann, J. (2013): *The Right to Housing: Law, Concepts, Possibilities*, Londres, Hart Publishing.
Housing Europe (2019): *The State of Housing in the EU 2019. Decoding the new housing reality*.
Iglesias, M. *et al.* (2011): "¿Hacia una agenda urbana común? Similitudes y diferencias en las siete grandes ciudades", en *Políticas urbanas en España. Grandes ciudades, actores y gobiernos locales*, Barcelona, Icaria editorial, pp. 267-280.

JESSOP, B. (2002): *The future of the state: Governance in an age of uncertainty*, Cambridge, Polity Press.
— (2004): "Multilevel governance and the State: The changing architecture of political authority", en L. B. G. de Souza (ed.), *State and governance: A postmodern perspective*, Londres, Routledge, pp. 35-53.
KADI, J. y LILIUS, J. (2022): "The remarkable stability of social housing in Vienna and Helsinki: A multi-dimensional analysis", *Housing Studies*, 39(7), pp. 1607-1631.
KADI, J. y MUSTERD, S. (2020): "La regulación del mercado de alquiler en Viena: Control de precios y protección al inquilino", *Housing Policy and Urban Development*, 18(2), pp. 147-165.
KEARNS, A. y FORREST, R. (2000): "Social cohesion and local governance in the modern urban context", *Urban Studies*, 37(6), pp. 971-986.
KENNA, P. (2005): "The right to housing in the European Union: Legal perspectives", *European Law Journal*, 11(6), pp. 704-727.
— (2008): "Globalization and housing rights", *Journal of Law and Social Policy*, 5(2), pp. 234-267.
— (2010): "El Convenio Europeo de Derechos Humanos y la protección del hogar frente a desalojos arbitrarios", *Revista de Derechos Humanos y Política Internacional*, 12(2), pp. 98-115.
KENNA, P.; O'CALLAGHAN, C. y CAFFREY, D. (2016): *The right to housing in Europe: Legal perspectives*, Londres, Routledge.
KORNBLUTH, J. (2020). Capitalismo financiero y la relación entre el Estado y el mercado: Nuevas dinámicas de poder, Berlín, Springer.
LAZZARATO, M. (2015): *La gobernanza del capitalismo: De la biopolítica a la financiarización*, Barcelona, Editorial Anagrama.
LEAL, F. (2010): *El modelo de vivienda en España y la consolidación del neoliberalismo*, Madrid, Ediciones Siglo XXI.
LEAL, J. (2005): *Transformaciones políticas, económicas y sociales en las políticas de vivienda en España*, Madrid, Ediciones Siglo XXI.
LEFEBVRE, H. (1970): *Le droit à la ville* [The right to the city], París, Editions Anthropos.
— (1976): *Espacio y política*, Barcelona, RIGSA.

— (1978): *El derecho a la ciudad*, Barcelona, Ediciones Península.
— (1991): *The Production of Space*, Malden, Blackwell Publishing.
— (1996): *Writings on Cities*, Cambridge, Wiley-Blackwell.
— (2014): "From the city to urban society", en N. Brenner (ed.), *Implosions/Explosions. Towards a study of planetary urbanization*, Berlín, Jovis, pp. 36-51.
Le Galès, P. (2002): *European cities, social conflicts and governance*, Oxford, Oxford University Press.
Leckie, S. (1989): "Housing as a human right", *Environment and Urbanization*, 1(2), pp. 1-14, en https://lc.cx/aa8jh4.
López, R. (1999): "Las periferias urbanas del franquismo: Vivienda y exclusión social".
López-Gay, A. (2001): "El Plan Cuatrienal (1984-1987) y la diversificación de las opciones habitacionales en España".
López, M. y Fernández, R. (2023): "El acceso a la vivienda en el contexto español: Desigualdad y la necesidad de un enfoque integral".
López, I. y Rodríguez, E. (2011): "Financiarización y vivienda en España", *Revista de Economía y Sociedad*, 45(2), pp. 57-73.
Loyer, R. (2018): "La regulación de precios de alquiler en París: Un análisis comparativo", *Observatoire des Loyers de l'Agglomération Parisienne*.
Madden, D. y Marcuse, P. (2016): *In Defense of Housing: The Politics of Crisis*, Nueva York y Londres, Verso.
Martí-Costa, M. y Tomàs-Fornés, M. (2016): "Urban governance in Spain: From democratic transition to austerity policies", *Urban Studies*, 54(9), pp. 2107-2122, en https://lc.cx/ZO3oU_.
Martí-Costa, M. *et al.* (2011a): "¿Cómo evaluar la participación en una red de gobernanza? Tres perspectivas teóricas y un estudio de caso", en A. Rofman (ed.) *Participación, políticas públicas y territorio: aportes a la construcción de una perspectiva integral*, Los Polvorines, Ediciones UNGS, pp. 27-52.
— (2011b): "Las Ciudades. Barcelona", en *Políticas urbanas en España. Grandes ciudades, actores y gobiernos locales*, Barcelona, Icaria, pp. 45-74.

Martínez-Moreno, J. (2018): "La interacción entre activismo local y políticas públicas: Retos en el acceso a la vivienda".

Martínez, S. y Gil, S. (2022): *Los sindicatos de inquilinos en Madrid y Barcelona: Defensa del derecho a la vivienda y lucha contra la especulación* [s. e].

Martínez, J. y Rodríguez, F. (2020): "La regulación de desahucios en tiempos de crisis: Políticas habitacionales en la España contemporánea".

Marx, K. (2015): *Las luchas de clases en Francia de 1848 a 1850*, Madrid, Fundación Federico Engels.

— (2017a): *Contribución a la crítica de la Economía Política*, Míchigan, Independently published.

— (2017b[1867]): *El capital. Obra completa*, Madrid, Siglo XXI.

Marx, K. y Engels, F. (2011[1848]): *Manifiesto comunista*, Madrid, Grupo Anaya Publicaciones Generales.

Minton, A. (2017): *The politics of housing: Why intervention is necessary*, Bolinas, Shelter.

Molina, A. (2016): "La Ley de Suelo de 2007 y la regulación del mercado inmobiliario en España".

Montaner, C.; García, I. y Martínez, C. (2010): *El urbanismo y la vivienda en España: De la burbuja inmobiliaria al colapso del sector*, Barcelona, Editorial Crítica.

Moreno, J. y Pérez, L. (2022): "La evolución de los planes nacionales de vivienda en España y su impacto en el alquiler".

Mouffe, C. (2000): *The Democratic Paradox: The Legislator*, Londres, Verso.

Muñoz, F. (2016): "La crisis de 2008 y sus repercusiones en las políticas de vivienda en España".

Muñoz Machado, S. (1996): *La Constitución Española de 1978: Comentarios y jurisprudencia*, Madrid, Editorial Civitas.

Murillo, M. (2014): "La gobernanza local y sus implicaciones en las políticas públicas de vivienda", *Revista de Política Social*, 22(3), pp. 205-218.

Novy, B. (2013): "Integrating Social Classes Through Housing Policy: Lessons from Vienna", *European Urban Studies*, 40(2), pp. 135-158.

— (2019): "Mezcla social y cohesión en los complejos habitacionales: Un enfoque integral para la integración urbana en Viena", *Viena Social Housing Studies*, 12(3), pp. 98-115.

Novy, A. y Mayer, M. (2021): "Los complejos habitacionales públicos: Accesibilidad y convivencia social", *Urban Studies Journal*, 58(3), pp. 245-263.

OECD (2000): *Regulatory Reform in Spain. Government capacity to assure high quality regulation*, Publicaciones OCDE.

— (2020): *OECD. Affordable Housing Database. European Union Programme for Employment and Social Innovation "EaSI" (2014-2020)*.

Offe, C. (1985): "New Social Movements: Challenging the Boundaries of Institutional Politics", *Social Research*, 52(4).

Öhman, K. (2018): "La influencia del modelo vienés en el sistema de vivienda sueco: Un análisis comparado", *Swedish Journal of Urban Planning*, 15(2), pp. 75-89.

ONU-Habitat (2009): *Planificación de ciudades sostenibles: Orientaciones para políticas*, Programa de las Naciones Unidas para los Asentamientos Humanos (ONU-Habitat), Barcelona, Earthscan.

Pareja-Eastaway, M. (2009): "El Plan Nacional de Vivienda y su impacto en el déficit habitacional en el franquismo".

— (2016): "El derecho a la vivienda en el marco constitucional español: Retos y perspectivas", *Revista de Derecho Constitucional*, 10(2), pp. 87-102.

Pareja-Eastaway, M. y Sánchez-Martínez (2015): *Vivienda y especulación: El modelo neoliberal en España y la lucha por una vivienda digna* [s. e].

— (2017): "Políticas habitacionales en Cataluña: Un enfoque histórico", *Estudios Urbanos y Regionales*, 15(4), pp. 201-220.

Pérez, J. y García, S. (2019): "La crisis inmobiliaria de 2008: La sobreoferta de viviendas y el modelo especulativo".

Pisarello, G. (2013): "El derecho a la vivienda como derecho humano y constitucional", en *Historia de los Derechos Fundamentales*, 4(6), Libro III, Madrid, Dykinson, pp. 1897-1956.

Pradel-Miquel, M. (2011): *Governança, innovació econòmica i social en dos territoris subnacionals europeus: el Vallès Occidental (Catalunya) i el Black Country (West Midlands)*, tesis doctoral, Universidad de Barcelona.

Pradel-Miquel, M. y García-Cabeza, M. (2018): *El momento de la ciudadanía: innovación social y gobernanza urbana*, Madrid, Los Libros de la Catarata.

Pradel, M.; Eizaguirre, S. y García, M. (2013): "Theorizing multi-level governance in social innovation dynamics", en *Social innovation: Collective action, Social learning and Transdisciplinary research*, Londres, SAGE, pp. 155-168.

Raventós-Pañella, D. (2007): "Las condiciones materiales de la libertad", en *Renta Básica Ciudadana SP*, Barcelona, El Viejo Topo.

Riera, M. y Carreras, P. (2009): "La rehabilitación urbana en Cataluña: Un instrumento de regeneración social y económica".

Rodríguez, J. y López, M. (2020): "El derecho a la vivienda en la jurisprudencia del Tribunal Constitucional español", *Revista Jurídica de Derecho Público*, 35(1), pp. 123-140.

Rolnik, R. (2014): *Urban Warfare: Housing under the Empire of Finance*, Nueva York y Londres, Verso.

Rueda, M. y Roca, A. (2003): "El urbanismo franquista: Polígonos residenciales y segregación urbana".

Sánchez-Alonso, B. (1995): *Salud y vivienda en el siglo XIX: El impacto de la industrialización en las clases trabajadoras* [s. e].

Sánchez, F. y Botella, J. (2010): "Selección de documentos y fundamentación del estudio: Eludir sesgos en la identificación y empleo de información", *Revista de Investigación y Metodología*, 24(1), pp. 56-73.

Sassen, S. (1991): *The Global City: New York, London, Tokyo*, Nueva Jersey, Princeton University Press.

Seiß, R. (2020): "La participación ciudadana en la planificación de la vivienda: Un análisis del caso vienés", *Urban Planning Review*, 15(3), pp. 78-90.

Shelter Report (2020): *Crisis de la vivienda en Londres: Un análisis de la disminución del parque de viviendas sociales.*

Short, J. R. (1996): *The urban order: An introduction to cities, culture, and power*, Oxford, Blackwell.

Silver, H. *et al.* (2010): *Redes de poder y exclusión social en la gobernanza local*, Cambridge, Cambridge University Press.

Soja, E. W. (2010): *Seeking Spatial Justice*, Minnesota, University of Minnesota Press.

Sørensen, E. y Torfing, J. (2016): *Redes de gobernanza: Teoría y práctica de la participación democrática*, Londres, Palgrave Macmillan.

Swedish Union of Tenants (2021): *La regulación de precios de alquiler en Suecia: Impacto y sostenibilidad.*

Swyngedouw, E. (2005a): "Governance Innovation and the Citizen: The Janus Face of Governance-beyond-the-State", *Urban Studies*, 42(11), pp. 1991-2006.

— (2005b): *Governance, democracy, and the politics of scale*, Cambridge, Cambridge University Press

The Objective (2024): "Movilización contra los altos alquileres: un grito por la justicia social", *The Objective.*

Vergara-Cabrera, D. (2018): *Gobernanza, participación y poder en el contexto urbano*, Barcelona, Editorial UAB.

Vives-Miró, S. (2020): "Desigualdades urbanas en Barcelona: Políticas públicas y resistencias sociales", *Espacio, Sociedad y Justicia*, 8(2), pp. 67-81.

Whitehead, C. y Scanlon, K. (2021): *Rent control: An international perspective*, Bristol, Policy Press.

Whitehead, C. y Williams, P. (2018): *Assessing the evidence on Rent Control from an International Perspective*, Housing Supply & Rents, Occasional Reports, Regulation & Enforcement Reports, Residential Landlords Association.

Wiener Wohnen (2019): *Karl-Marx-Hof: Más que un hogar, un entorno comunitario.*

— (2023): "Vivienda social en Viena", *Urban Governance Insights*, 10(4), pp. 22-29.

Wohnfonds Wien (2020): *Vivienda asequible en Viena: Un modelo de éxito. Instituto de Estudios Urbanos de Viena.*

Wollmann, H. (2009): "Policy developments in local government in Europe: Convergence and divergence", *Urban Research & Practice*, 2(1), pp. 3-24.

Wright, E. O. y Hahnel, R. (2014): *Alternatives to Capitalism: Proposals for a Democratic Economy*, Nueva York y Londres, Verso.